허변의 놓치면 호구 되는
최소한의 법률상식

허변의 놓치면 안 되는 최소한의 법률상식

허윤 지음

원앤원북스

당신이 억울하지 않기를 바라며

2020년, 이 책의 뿌리라고 할 수 있는 『허변의 모르면 호구 되는 최소한의 법률상식』을 출간하고 수년이 흘렀습니다. 너무나 감사하게도 많은 사랑을 받아 후속작을 출간하게 되었습니다. 독자 여러분의 성원이 있었기에 가능한 일입니다. 여러분께 보다 확실하고 유용한 정보를 전달해야 한다는 사명감에 최근 법령에 맞게 자료를 수정하고 최신 판례 내용을 대폭 보강했습니다. 분량이 늘어나고 내용이 대폭 바뀐 만큼 변화된 사회에서 벌어질 수 있는 다양한 문제를 예방하거나 해결하는 데 도움이 될 것으로 기대합니다.

"참을 인(忍) 자가 셋이면 살인도 면한다."

누구나 알고 있는 옛 속담입니다. 성급하게 나서기보다 진득하게 참으면 더 큰 이익이 온다는 뜻이죠. 그러나 이제는 '참을 인 자가 셋이면 호구(虎口) 된다'로 바꿔 써야 하지 않을까요? 정당한 권리를 주장하지 않고 참기만 하면 결국 손해를 보는 세상이기 때문입니다.

서양에는 '법은 권리 위에 잠자는 자를 보호하지 않는다'는 격언이 있습니다. 자신의 권리가 부당하게 침해되었다면 다른 사람이 알아주기를 바라지 말고 적극적으로 문제를 제기해 권리를 찾아야 한다는 말입니다. 부당하고 억울한 상황은 누구에게나 발생할 수 있습니다. 그러나 억울한 상황에 제대로 대처하고, 더 나아가 자신의 권리를 찾는 사람은 그리 많지 않습니다.

그동안 법률상식과 관련된 책들은 많이 출간되었습니다. 하지만 대부분 어려운 법률용어를 남발해 읽다가 깜박 잠이 들만큼 따분하거나, 영화에서나 등장할 법한 예외적인 사례를 다루는 경우가 많았습니다. 그래서 이 책은 '난해한 법리 해석이 반복되지 않고 실전에 바로 써먹을 수 있는 재미있는 법률상식 책은 없을까?'라는 생각에서 시작되었습니다. 누구나 이해할 수 있는 쉬운 용어를 사용해, 일상생활에서 부딪힐 수 있는 억울한 상황과 그 상황을 해결하기 위한 방법을 효과적으로 전달하기 위해 노력했습니다.

먼저 실생활에서 자주 발생하는 억울한 상황에 대처하는 방법을 제시하고, 불필요한 법적 분쟁을 미연에 방지할 수 있는 노하우를 정리했습니다. 또한 법적 분쟁에 처했을 때 어떻게 하면 승소 확률을 높일 수 있는지도 빼놓지 않았습니다. 특히 각 파트마다 '변호사 사용설명서'를 별도로 정리해, 현직 변호사를 효과적으로 이용할 수 있는 방법을 천기누설의 심정으로 상세히 적어놓았습니다. 어떤 변호사가 우리의 억울함을 풀어줄 수 있는 해결사인지, 왜 승소를 확신하는 변호사가 위험한지, 어떤 변호사를 절대로 피해야 하는지 등 의뢰인에게 꼭 필요한 정보가 담겨 있습니다.

물론 이 책 한 권을 읽었다고 해서 모든 법적 분쟁을 예방하고 억울함을 다 풀 수는 없습니다. 그러나 우리 주변에 어떤 위험이 도사리고 있고, 초기에 어떻게 대처해야 하는지 미리 알아둔다면 누군가에게 호구가 되는 일은 발생하지 않을 것입니다. 아무쪼록 이 책으로 인해 조금이라도 호구에서 탈출하는 독자가 있다면 더할 나위 없이 기쁠 것입니다. 책을 쓰는 데 도움을 준 순이와 원이, 원앤원북스 편집부에 진심으로 감사드립니다.

허윤

목차

PART 2
월급쟁이를 위한 생존 법률상식

PART 3
내 권리를 지켜주는 법률상식

PART 4
내 지갑을 지켜주는 법률상식

PART 5
호구 탈출을 위한 소송 노하우

PART 6

법을 모르면 집도 잃을 수 있다

PART 1

참고 살면
호구 된다

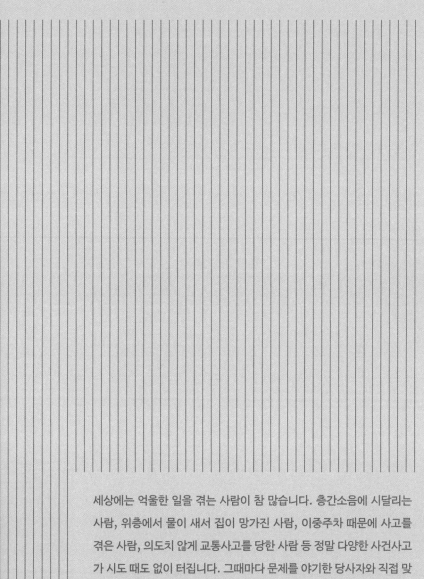

세상에는 억울한 일을 겪는 사람이 참 많습니다. 층간소음에 시달리는 사람, 위층에서 물이 새서 집이 망가진 사람, 이중주차 때문에 사고를 겪은 사람, 의도치 않게 교통사고를 당한 사람 등 정말 다양한 사건사고가 시도 때도 없이 터집니다. 그때마다 문제를 야기한 당사자와 직접 맞서 싸워야 하는 걸까요? '목소리 큰 사람이 이긴다'고 하지만 현실은 그렇지 않습니다. 목소리 큰 사람이 아니라, 법을 제대로 알고 잘 이용하는 사람이 이깁니다. 가만히 있으면 호구 취급을 받습니다. 이제 법을 내 편으로 만들어 문제를 슬기롭게 해결해봅시다.

허변의 놓치면 호구 되는 최소한의 법률상식

층간소음에 대처하는 방법

A씨 집에는 대학 입시를 준비하는 고3 자녀가 있습니다. 공부에 방해되지 않게 집 안에서 숨소리도 조심하며 생활하는 편입니다. 그런데 얼마 전 A씨의 윗집에 아이 둘이 있는 신혼부부가 이사를 왔습니다. 신혼부부가 인사도 잘하고 싹싹해 좋았지만 어린아이가 둘씩이나 있어 마음에 걸렸습니다. 아니나 다를까. A씨는 밤낮없이 뛰어노는 윗집 아이들 때문에 곤혹을 치릅니다. 낮에는 마음 편히 쉴 수 없고 밤에는 잠을 푹 잘 수 없습니다. 수능

을 앞둔 아들마저 소음에 민감하게 반응하자, A씨는 몇 차례 신혼부부를 찾아가 조심해달라고 부탁했습니다. 하지만 좀처럼 층간소음은 줄어들지 않습니다.

A씨처럼 윗집의 소음 문제로 스트레스를 받는 사람이 많습니다. 실제로 층간소음 민원은 해마다 꾸준히 증가하고 있는데요. 통계에 따르면 2015년 1만 9,278건이었던 층간소음 민원

연도별 층간소음 민원상담 추이

연도	접수(건)	콜센터	온라인
2015년	19,278	15,619	3,659
2016년	19,495	14,204	5,291
2017년	22,849	14,828	8,021
2018년	28,231	20,750	7,481
2019년	26,257	16,647	9,610
2020년	42,250	28,132	14,118
2021년	46,596	36,109	10,487
2022년	40,393	32,461	7,932
2023년	36,435	29,487	6,948

자료: 층간소음 이웃사이센터

허변의 놓치면 호구 되는 최소한의 법률상식

상담은 꾸준히 증가해 2020년 4만 건을 넘었고, 2023년에는 3만 6,435건을 기록했습니다.

아이들의 쿵쿵거리는 발소리에 계속 시달리다 보면 스트레스가 급격하게 상승합니다. 그러나 위층에서 소음이 발생했다고 무턱대고 항의할 수는 없습니다. 특히 공동으로 거주해야 하는 아파트는 어느 정도 소음을 감내해야 합니다. 단독주택이 아닌 이상 참을 수 있는 수준이라면 받아들이고 살아야 합니다. 그렇다면 어떤 기준으로 참아야 하는 소음과 그렇지 않은 소음을 판단할 수 있을까요?

우선 위층의 소음이 어느 정도 되는지를 자세히 알아봐야 합니다. 수치를 가지고 문제를 제기해야 해결될 가능성이 높아집니다. 또 나중에 법적 분쟁이 발생할 경우 미리 측정해둔 수치를 증거로 활용할 수 있습니다.

소음을 측정하기 위해서는 소음측정기를 따로 구매하는 방법도 있고, 국가소음정보시스템 사이트(www.noiseinfo.or.kr)에 접속해 소음 측정을 의뢰하는 방법도 있습니다. 「주택건설기준 등에 관한 규정」 제14조의2에 따르면, 공동주택의 충격음 차단 성능은 중량충격음(무겁고 부드러운 충격에 의한 바닥충격음)과 경량충격음(비교적 가볍고 딱딱한 충격에 의한 바닥충격음)이

층간소음과 생활 속 소음 비교

(단위: 데시벨)

층간소음	데시벨	비교소음
	80	철도변
	70	도로변
	65	사무실, 백화점
망치질	59	
성인이 뛸 때	55	
1.5L 페트병 낙하	54	
프라이팬 낙하	49	
피아노 연주	44	
냉장고·아이들 뛸 때	40	거실
청소기	35	
	30	도서관
	20	침실
	10	숲속

자료: 환경부

49데시벨 이하여야 합니다. 49데시벨 미만일 경우 항의하기보다는 감수하고 받아들이는 편이 좋습니다. 반면 그 이상의 소음이 발생한다면 정당하게 권리를 주장할 수 있습니다.

그런데 다행히 2023년 1월 1일부터 공동주택 층간소음의 기준이 강화되었습니다. 기존에는 소음 기준이 주간 43데시벨, 야간 38데시벨이었는데 각각 39데시벨(주간), 34데시벨(야간)로 강화된 것입니다. 피아노 연주가 약 44데시벨 정도인 것을 감안하면 상당히 엄격한 기준임을 알 수 있습니다. 환경부가 제시한 층간소음과 비교군의 데시벨을 참고하기 바랍니다.

중앙 공동주택관리 분쟁조정위원회와 중앙환경분쟁조정위원회를 이용하자

•

구체적인 수치가 나왔다면 해당 수치를 가지고 일단 위층과 대화해봅시다. 그래도 해결이 되지 않으면 관리실 등 아파트를 관리하는 주체 혹은 입주자 대표회의에 해결을 요청하는 것도 좋습니다. 끝끝내 해결되지 않는다면 중앙 공동주택관리 분쟁조정위원회나 중앙환경분쟁조정위원회에 분쟁조정 신청을 할 수 있습니다.

중앙 공동주택관리 분쟁조정위원회는 변호사, 회계사, 주택관리사 등의 전문가로 구성되어 있고, 층간소음 문제를 많이 다룬 경험이 있어서 문제를 쉽게 해결해줄 수도 있습니다.

분쟁조정 신청방법은 기관 사이트(namc.molit.go.kr)에 들어가서 온라인 신청을 하거나, 관련 내용을 우편으로 보내거나, 직접 방문해도 됩니다. 신청을 하면 조정절차가 개시되고 상대방에게 층간소음과 관련된 답변요청서가 전달됩니다. 적어도 상대방은 이 단계에서 '우리 집이 층간소음으로 아래층에 피해를 주고 있구나'라고 정확히 인식하게 됩니다.

양 당사자의 의견 제출 후에는 중앙 공동주택관리 분쟁조정위원회에서 현장조사 등을 통해 층간소음이 실제로 발생하고 있는지, 발생한다면 어느 정도인지를 조사합니다. 이를 근거로 당사자 간 합의절차를 진행하고, 합의에 이르면 사건이 종결되지만 그렇지 않으면 조정절차가 진행됩니다.

만약 양 당사자가 조정안에 합의하면 조정안은 법원 조정절차와 마찬가지로 재판상 화해와 동일한 효력을 갖게 됩니다. 통상 조정안에는 어느 한쪽이 조정안을 지키지 않을 경우 '1일 ○○원의 이행강제금을 부과한다'는 내용이 들어갑니다. 결정 내용을 이행하지 않을 시 법원은 집행문을 부여해 강제집행이 가능한 상태를 만들어줍니다. 즉 조정안을 지키지 않으면 우리가 흔히 말하는 '빨간 딱지'가 집에 붙을 수도 있다는 뜻입니다.

중앙 공동주택관리 분쟁조정위원회를 통한 분쟁조정은 비

용도 저렴합니다. 분쟁조정 신청 수수료 1만 원으로 누구나 분쟁조정 서비스를 받을 수 있습니다.

한편 중앙환경분쟁조정위원회에서는 층간소음 이웃사이센터를 운영하고 있습니다. 층간소음 이웃사이센터는 앞서 소개한 국가소음정보시스템 사이트나 전화(1661-2642)를 통해 상담 신청이 가능합니다.

건축물 하자 때문이라면
건설사에도 책임을 묻자

•

생활 방식의 차이로 발생하는 '생활소음'이라면 위층과 직접 문제를 해결해야 하지만, 종종 건축물 하자에 따른 소음인 경우도 있습니다. 주로 다세대주택이나 급하게 지은 신축 아파트에서 많이 발생하는데요. 우리 집뿐만 아니라 공동생활을 하는 다른 여러 집도 층간소음 문제로 고생하고 있다면 구조적인 문제일 가능성이 큽니다.

「주택건설기준 등에 관한 규정」에서는 건물의 층간소음과 관련된 기준을 다음과 같이 정의합니다.

1. 콘크리트 슬래브(바닥) 두께가 210mm 이상(단 보와 기둥을 통해서 내력이 전달되는 라멘구조는 150mm)

2. 바닥 경량충격음과 중량충격음 49dB 이하

이 2가지 조건을 만족하지 않으면 건축물 하자로 볼 수 있습니다. 건축물 하자가 의심된다면 바닥면을 해체해 콘크리트 두께 등 건설상 하자를 찾아야 합니다. 결함의 원인을 찾고 그 결함이 통상적인 것인지를 따진 후, 만약 해당 결함이 이례적이고 중대하다면 같은 피해를 입은 입주자들을 모아 건설사 등을 상대로 소송을 제기해 책임을 물을 수 있습니다.

그런데 건설사에 책임을 묻는 과정은 상당한 노력이 필요합니다. 결함을 찾는 작업 자체가 쉽지 않기 때문입니다. 거실 바닥을 뜯었는데 설계도와 다르게 시공되어 있거나 엉뚱한 자재가 사용되었다면 결함을 금세 찾을 수 있어 다행이지만, 일반적으로 건설상의 하자는 증명하기가 어렵습니다. 예를 들어 콘크리트 슬래브 위에 압축 스티로폼이나 고무판 등의 완충재를 깔고 그 위에 경량기포 콘크리트와 마감 모르타르를 시공해야 하는데, 비용을 절약하기 위한 꼼수로 마감 모르타르를 더 두껍게 하고 얇은 완충재를 사용했다면 하자를 쉽게 발견할 수 있습니다.

하지만 전반적인 건설상 하자, 즉 콘크리트 슬래브가 미세하게 한쪽으로 기울어졌거나 평평하게 시공되지 않았다면 이 평탄도의 하자를 밝혀내기 위해 거실의 1m×3m 정도를 뜯어야 합니다. 가족이 함께 공유하고 있는 가정집 바닥을 뜯는 대공사가 되는 것이죠. 한편 모르타르의 두께나 강도 또한 층간소음에 영향을 주는데, 이 부분을 세밀히 확인하는 작업도 쉽지 않습니다.

그럼에도 불구하고 해결할 의지만 있다면 그 어떤 하자도 충분히 밝혀낼 수 있습니다. 건축물 하자가 의심된다면 억울하게 참고 살지 말고 반드시 확인합시다.

⚖️ 법률상식 핵심 포인트

① 소음을 정확히 측정한 후 분쟁조정 신청을 해야 한다.
② 중앙 공동주택관리 분쟁조정위원회와 중앙환경분쟁조정위원회에 분쟁조정 신청을 할 수 있다.
③ 건축물 하자라면 건설사에도 책임을 묻자.

위층에서 물이 새서
집이 망가졌다면?

B씨는 조그만 가게를 임대해 장사를 하는 소상공인입니다. 어느 날 가게 천장에서 물이 새 장사에 필요한 테이블과 의자 등에 얼룩이 생겼습니다. 장사에 지장이 생긴 B씨는 책임이 있다고 생각한 위층에 손해배상을 요구했지만, 위층은 건물 하자로 물이 샌 것이니 임대인에게 책임이 있다고 모른 체합니다. 설상가상 보일러마저 누수로 고장이 나자 B씨는 위층에 거세게 항의했습니다. 그러나 여전히 위층은 책임을 회피했습니다. 상황을 지켜보

던 임대인은 위층의 책임이라며 손사래를 쳤습니다. 위층과 임대인이 서로 책임을 미루는 모습에 B씨는 화가 났습니다.

누수로 인한 피해는 비단 B씨만의 일은 아닙니다. 세입자라면 누구나 흔히 겪는 문제죠. 위층에서 물이 새서 손해를 본 B씨는 배상 책임자를 찾아야 합니다. 그런데 위층과 임대인이 모두 자신의 책임이 아니라고 손사래를 치니 답답할 수밖에요. 만약 위층에 사는 임차인이 실수로 수도관을 건드려서 물이 쏟아진 상황이라면 당연히 임차인이 배상해야 합니다. 그러나 위층의 잘못이 없다면 임대인이 배상해주는 것이 맞습니다. B씨는 임대인 외에도 배상 책임을 요구할 수 있는 주체가 또 있습니다.

일단 상가의 경우 물이 새서 피해가 발생했다면 어느 부분에서 물이 샜는지부터 확인해야 합니다. 피해를 야기한 부분이 다른 사람과 공유하지 않고 자신만 사용할 수 있는 공간(전유부분)인지, 아니면 다른 사람과 같이 사용하는 계단과 같은 공간(공용부분)인지에 따라 B씨까 책임을 물을 수 있는 사람이 달라지기 때문입니다.

위치에 따라 다른
배상 책임 주체

●

전유부분의 문제로 생긴 누수라면 임대인이 수리와 피해 보상을 모두 하는 것이 원칙입니다. 건물을 제대로 사용할 수 있는 상태로 관리하지 않아서 발생한 문제이기 때문입니다. 만일 공용부분에서 발생한 누수라면 관리 규약상의 책임자인 입주자대표회의 또는 관리단이 책임을 져야 합니다. 그러나 서로 책임을 떠넘기며 남 탓을 하는 경우가 많을 것입니다.

사실 누수가 정확하게 어느 곳에서 발생했는지 따져보는 게 쉬운 일은 아닙니다. 임차인 입장에서는 당장 피해가 발생하고 있는데 누수가 발생한 부분을 판별하는 누수검사조차 서로 떠넘기는 경우가 많죠. 그래서 집합건물에 적용되는 법률인 「집합건물의 소유 및 관리에 관한 법률」에서는 '전유부분이 속하는 1동의 건물의 설치 또는 보존의 흠으로 인하여 다른 자에게 손해를 입힌 경우에는 그 흠은 공용부분에 존재하는 것으로 추정한다'는 규정이 있습니다. 즉 원인이 애매하다면 피해자는 속앓이를 할 필요 없이 일단 관리단 등을 상대로 수리 및 피해 보상을 요구하면 됩니다.

흔히 누수의 원인을 피해자가 직접 증명해야 한다고 생각하기 쉽지만 그렇지 않습니다. 법에 따르면 오히려 관리단 등이 공용부분이 아닌 전유부분에서 누수가 발생했다는 점을 B씨에게 입증해야 합니다. 관리단 등이 전유부분에서 물이 샜다는 점을 증명하지 못하면 법에 따라 꼼짝없이 직접 손해를 배상해야 합니다.

만일 계약서에
관련 조항이 있다면

•

그런데 가끔 계약서에 '하자로 인한 모든 수리비용은 임차인이 부담한다'와 같은 조항이 있는 경우가 있습니다. 임차인이 이러한 계약서에 동의했다면 임대인은 책임을 면하게 되는 걸까요? 실제로 이와 관련해 종종 임차인과 임대인 사이에서 법적 분쟁이 발생하는데요. 이에 대해 법원은 '임대인과 임차인 간의 수선의무 면제 특약은 가능하지만 그 내용은 해석이 필요하다'고 판단했습니다.

예를 들어 '베란다에 누수가 있을 경우 수리비용 및 그 책임은 임차인이 부담한다'와 같이 계약서에 '어느 부분'과 '어떤 하자'가 특정되었다면 해당 수선의무 면제 특약은 효력을 발휘할 수 있습니다. 계약서에서 하자의 범위를 임차인이 정확하게 인식하고 동의했다고 볼 수 있기 때문입니다. 그런데 '하자가 발생하면 임차인이 모든 수리비용을 부담한다'와 같이 특정하지 않고 포괄적인 내용이라면, 임차인이 수리를 부담하는 범위는 누구나 예상할 수 있고 일반적으로 발생할 수 있는 하자에만 한정됩니다.

결론적으로 건물의 주요 구성부분에 대한 대수선, 기본적 설비부분의 교체, 누수 등 예상하기 어려운 대규모 수리는 아무리 특약을 맺었다 해도 임차인이 부담하는 범위에 포함되지 않습니다.

따라서 계약서를 쓸 때는 세부적인 사항까지 꼼꼼히 확인할 필요가 있습니다. '○○ 등 대파손에 대한 대수선을 포함한 일체의 수선은 임차인 책임으로 한다'라는 내용으로 계약을 체결하면 '○○ 등'의 부분 때문에 정말 모든 수리비용을 임차인이 부담해야 할 수도 있으니까요. 그런 불합리한 조항이 있다면 계약을 맺기 전에 수정을 요청해야 합니다.

보일러는 임대인이
책임져야 한다

•

보일러와 관련해서 꼭 명심해야 할 부분은 고장 원인을 모를 때는 임대인이 책임을 져야 한다는 점입니다. 반면 위층에서 물이 새서 보일러가 고장 난 것이라면 당연히 위층이 책임을 져야 합니다. 또한 한파가 계속되는 날씨에도 아무런 예방 조치를 하지 않은 채 보일러가 동파되도록 놔두었다면 임차인이 수리하는 것이 맞을 수도 있습니다. 그러나 구체적인 원인을 모를 때는 임대인에게 책임이 있습니다.

보일러는 생활에 꼭 필요한 난방을 위한 물건이므로, 다른 물건과 달리 법률상으로 건물에 부속되어 있는 것과 같다는 뜻에서 '필수적인 부속물'로 취급됩니다. 이런 부속물은 원칙적으로 임대인이 유지 보수에 대한 의무를 지고 있습니다.「민법」제623조는 '임대인은 목적물을 임차인에게 인도하고 계약 존속중 그 사용, 수익에 필요한 상태를 유지하게 할 의무를 부담한다'고 규정하고 있습니다. 이미 임차인이 건물에 필수적인 부속물을 수리했다면 특별한 약정이 없는 이상 그 비용을 임대인에게 청구할 수 있습니다.

임대인이 청구한 돈을 주지 않는다면 법원의 도움을 받아야 합니다. 비용이 크지 않다면 소액사건심판절차에 따라 법원에 소장을 내면 됩니다. 소송가액이 3천만 원 이하라면 법원에 직접 출석해야 하는 변론기일 없이 법원이 이행권고결정을 내릴 수 있습니다. 만약 임대인이 2주 내에 이의 제기를 하지 않으면 그대로 결정됩니다. 이의를 제기한다 해도 소액사건은 한 번의 법정출석으로 결론이 나는 경우가 많습니다.

⚖️ 법률상식 핵심 포인트

① 누수는 원인에 따라 배상 책임 주체가 달라진다.
② 원인이 애매한 경우에는 관리단 등을 상대로 수리 및 피해 보상을 요구하면 된다.
③ 보일러는 필수적인 부속물로 고장 원인을 모를 때는 임대인이 책임을 져야 한다.

이중주차 때문에
사고가 났다면?

C씨는 집 앞 주차장에 자리가 없어 어쩔 수 없이 이중주차를 하게 되었습니다. 그런데 다음 날 멀쩡하던 차의 범퍼가 심각하게 찌그러져 있습니다. 누군가 이중주차된 C씨의 차를 손으로 밀면서 생긴 사고였습니다.

주차 공간이 넉넉하지 않은 아파트나 오피스텔에 살면 어쩔 수 없이 다른 차 주변에 차를 세우는, 즉 이중주차를 해야 하는 때가 생깁니다. 이때 이중주차로 다른 사람의 차가 움직이지 못하는 상황을 방지하기 위해 대부분 중립(N)에 기어를 놓고 주차합니다. 간혹 까먹거나 실수로 주차(P)에 기어를 놓으면 차가 움직이지 않아 한바탕 소동이 벌어지곤 하죠.

이중주차 상황에서 사고가 나면 그 책임 소재를 놓고 갈등이 심화될 수 있습니다. 이중주차 자체가 불법이라면 주차한 사람이 모든 책임을 져야겠죠. 하지만 「도로교통법」은 상황에 따라 이중주차의 불법 여부를 다르게 판단하고 있습니다. 먼저 이면도로에 이중으로 주차한 차는 과태료 부과 대상으로 불법이지만, 골목길이나 주차장에 이중주차하는 경우는 예외적으로 합법이 될 수도 있습니다. 따라서 관련 사고가 발생해도 차주가 전적으로 책임을 질 필요는 없습니다.

이중주차로 인한 사고는
누가 책임져야 할까?

•

그렇다면 C씨처럼 이중주차된 자신의 차를 누군가 밀어서 사고가 발생하면 책임 소재는 어떻게 될까요? '당연히 차를 밀거나 움직인 사람이 책임을 져야지'라고 생각할 수 있지만 법은 그렇게 보지 않습니다. 이중주차되어 있는 차를 밀다 사고가 나면 차주와 민 사람이 공동으로 책임을 집니다. 물론 책임 비율은 상황에 따라 조금씩 다릅니다. 평지에 이중주차된 차를 밀다가 사고가 발생하면 대략 차주가 20%, 민 사람이 80%의 책임을 집니다. 예외적으로 경사지에 이중주차를 했는데 차주가 버팀목 등 안전장치를 해놓지 않았다면 차주의 과실 비율이 올라갑니다.

이중주차되어 있는 차를 밀다가 다른 차와 범퍼가 살짝 부딪친 경우, 만약 반듯하게 주차되어 있었다면 범퍼의 탄력성으로 인해 큰 문제가 발생하지 않았을 것입니다. 그런데 차주가 비스듬하게 이중주차를 했다면 차의 모서리 부분이 범퍼에 부딪칠 수 있고, 이 때문에 범퍼가 부서질 공산이 큽니다. 이때는 차주의 과실 비율이 올라가는 것이 당연하겠죠. 꼭 이중주차를 해야 한다면 되도록 반듯하게 주차합시다.

자신의 차를 움직이기 위해 이중주차된 다른 사람의 차를 손으로 밀어야 하는 상황이라면 다음의 3가지를 유의해야 합니다.

1. 주변 차량과의 간격이 충분한지 확인하기

2. 차량 바퀴의 방향이 일직선인지 확인하기

3. 차량 이동로에 경사가 존재하는지 확인하기

이중주차 후 사고가 났는데
보험금을 못 받는다면?

•

이중주차로 인해 차량의 범퍼가 망가진 C씨는 관리사무소의 CCTV를 확인했지만 화질이 나빠 누가 사고를 냈는지 알 수 없었습니다. 보험사에 전화를 해서 상황을 설명하니 "이중주차 관련 사고는 보험처리가 안 됩니다"라는 답변이 돌아왔습니다. 정말 보험금을 받을 수 없는 걸까요?

결론부터 이야기하면 보험사의 착오입니다. 이중주차로 인해 보험처리가 안 되는 경우는 가해자일 때뿐입니다. 피해자라면 자동차 보험을 이용해 보험사에서 수리비를 받을 수 있습니다. 즉 이중주차 관련 사고라 해도 피해자라면 보험처리가 가능합니다.

C씨의 보험사는 일단 보험금을 지급한 후 가해자를 찾아 그 돈을 받아내야 합니다. 반대로 가해자는 정지된 차를 밀다가 사고를 냈기 때문에 자신의 보험사에서 돈을 받기 어렵습니다. 다만 일상생활 보험 등을 별도로 가입했다면 가해자일지라도 보상을 받을 수 있습니다.

아파트 관리회사도 책임이 있다

•

그럼 이중주차 관련 사고가 발생하면 당사자들만 책임을 져야 할까요? 대부분의 아파트는 공동주택의 공용부분, 부대시설, 복리시설의 유지 보수와 안전관리 등에 관해 위탁계약을 맺은 관리업체가 있습니다. 아파트의 부대시설에 해당되는 주차장은 해당 관리업체가 위탁계약에 따라 사고가 발생하지 않도록 감독해야 하는 곳입니다. 그런데 아파트 주차장에서 사고가 났다는 것은 관리업체의 주차장 안전 조치가 미흡했다는 뜻이므로, 관리업체 역시 일정 부분 책임을 질 수 있습니다.

아파트 관리회사는 사고를 예방하기 위해 경사면에서의 이중주차를 금지하거나 위험한 곳에 표지판을 세워 경고하는 등 적극적인 사고 회피 노력을 해야 합니다. 이 부분이 미흡했다면 관리회사도 책임이 있는 것이죠.

큰 사고는 보험사보다
법원에서 해결하자

•

가벼운 사고가 아닌 사망이나 오랜 기간 간병이 필요한 큰 사고라면 보험사로부터 합의금 등을 받기보다는 손해배상 소송 쪽이 얻을 수 있는 금액이 큽니다. 보험사의 합의금과 손해배상 소송을 통한 배상금은 크게 일실이익과 위자료에서 차이가 납니다.

법원은 현재는 소득이 없어도 장래 소득이 예상되는 경우 이를 손해배상액 산정에 참작합니다. 예를 들어 의대생의 경우 졸업 후 의사로 활동할 수 있기 때문에 그 점을 고려해 일실이익을 산정합니다. 반면 보험사는 장래의 예상되는 소득을 거의 인정하지 않습니다.

위자료는 더 큰 차이를 보입니다. 법원은 단순 과실로 인한 사망사고의 경우 위자료를 1억 원, 음주나 뺑소니로 인한 사망사고의 경우는 2억 원을 기준으로 삼고 있습니다. 이에 비해 보험사는 약관에 65세가 넘은 사람이 사망할 경우 8천만 원, 65세 미만인 경우 5천만 원을 기준으로 두고 있습니다.

따라서 사망사고나 큰 사고의 경우 법원에서 손해배상 소송을 진행하는 것이 좀 더 유리합니다.

법률상식 핵심 포인트

① 이중주차 관련 사고의 피해자라면 자동차 보험을 이용해 보험사에서 수리비를 받을 수 있다.
② 사고 회피 노력이 미흡했다면 아파트 관리회사도 책임이 있다.
③ 사망사고나 큰 사고는 법원에서 손해배상 소송을 진행하는 것이 유리하다.

교통사고,
정신부터 똑바로 차리자

운전자 D씨는 백화점에 가는 길에 실수로 접촉사고를 냈습니다. 면허를 딴 지 10년이 지났지만 교통사고는 난생처음이라 어찌할 바를 몰랐습니다. 상대 운전자가 뒷목을 잡고 내리는 모습을 본 D씨는 머릿속이 하얗게 되어 멍하니 운전대만 잡고 있었습니다.

살면서 한 번쯤 겪는다는 교통사고. 아무리 운전을 잘하고 안전하게 방어운전을 해도 교통사고에서 100% 자유로울 수는 없습니다. 교통사고에 대한 대처도 쉽지 않은데요. 초기에 제대로 대응하지 못하면 예상치 못한 손해를 볼 수 있어 몇 가지 사항을 반드시 기억하고 있어야 합니다.

먼저 교통사고가 발생하면, 아니 발생한 것 같다고 생각되면 즉시 운행을 멈추고 사고가 났는지부터 확인해야 합니다. 사고가 난 게 맞다면 차에서 내려 다음의 5가지 조치를 취해야 합니다.

1. 다친 사람이 있으면 119를 부른다.
2. 112에 교통사고 신고를 한다.
3. 휴대폰을 꺼내 현장을 찍는다.
4. 스프레이가 있으면 차량 바퀴 또는 부상자의 위치를 정확하게 표시한다.
5. 사고를 목격한 목격자의 연락처를 받아둔다.

이렇게 순차적으로 5가지 행동을 취해야 합니다. 사고 직후에 경황이 없어 하나라도 빠트리면 훗날 곤욕을 치를 수 있으니 꼭 잊지 말기 바랍니다.

현장 보존과
진술이 중요하다

•

만약 견인차가 도착해 차량을 견인하려고 한다면, 사고 현장을 보존할 수 있도록 경찰관이 올 때까지 견인을 막아야 합니다. 교통사고가 누구의 책임인지를 판별할 때는 사고 당시의 현장 상태가 매우 중요한 고려 대상이 됩니다. 그런데 차량을 견인해 사고 현장이 훼손되면 향후 법적인 분쟁이 발생했을 때 누구의 잘못인지 판별하기가 어려워집니다.

현장을 보존한 이후에는 출동한 경찰관에게 당시 상황을 충실하게 진술해야 합니다. 허위로 사실을 꾸며내면 안 되겠지만 주관적으로 느낀 사고 상황 정도는 말해도 괜찮습니다. 경찰관에게는 되도록 구체적으로 사고가 어떻게 발생했는지, 상대편 운전자의 잘못은 무엇인지 등을 정확하고 상세하게 설명해야 합니다. 차량이 다른 곳으로 옮겨지고 사고 현장이 정리된 이후에는 경찰관이 초기 조사한 내용을 뒤집기가 아주 어렵습니다. 사고 직후 현장을 보존하기 위해 최선을 다해야 하는 이유입니다.

교통사고 합의서는
추가 치료비 부분이 핵심

•

경찰관을 상대로 진술을 마쳤다면 이제 상대편 운전자와의 문제가 남아 있습니다. 만약 경미한 교통사고라면 서로 연락처를 교환하는 것으로 마무리할 수 있지만, 가능하면 합의서를 작성하는 것이 좋습니다. 나중에 사고 상황을 두고 서로 다툴 수 있기 때문입니다.

합의서 양식은 정해진 것이 없습니다. 그냥 종이에 쓰면 됩니다. 보통 가해자와 피해자의 이름, 연락처, 차량번호, 사고 발생 경위, 합의 내용 등을 적게 됩니다. 합의서에서 가장 중요한 내용은 역시 합의 조건입니다. 특히 추가 치료비 사안이 중요한데, 추가 치료비에 대한 명확한 합의가 없다면 나중에 법정에서 소송으로 다투게 될 수 있습니다. 구체적으로 얼마까지 지급할지 등을 미리 정하는 것이 현명합니다.

사고 원인을 적을 때는 상대방의 불법성에 대해 구체적으로 기재하는 것이 좋습니다. 불법 좌회전인지, 과속인지 등을 명확하게 적고 서로 서명해야 나중에 법적 분쟁에 휘말리지 않습니다. 다만 합의 시점에 대해서는 가해자와 피해자 간의 입

합 의 서

가해자

        이름:

        전화번호:

        차량번호:

피해자

        이름:

        전화번호:

        차량번호:

사고 시각:

사고 장소:

사고 내용:

합의 내용:

가해자(서명)

피해자(서명)

장이 다를 수 있습니다. 합의를 빠르게 진행하면 피해자는 복잡한 소송에 휘말리지 않고 신속하게 보상을 받을 수 있어서 좋고, 가해자는 뺑소니 등의 사고를 저질렀어도 상대적으로 가벼운 처벌을 받을 수 있어서 좋습니다.

만일 자신이 피해자라면 시간을 두고 조심스럽게 합의하는 것을 추천합니다. 교통사고는 치료 후에도 후유증이 남을 수 있어 치료가 완전히 종료된 후에 담당의와 충분하게 상의하고 합의 여부를 결정할 필요가 있습니다. 교통사고 후유증으로 2~3일 뒤부터 통증이 발생할 수도 있고, 외상후스트레스장애가 동반되기도 합니다. 피해자라면 일단 치료가 끝날 때까지 합의를 미뤄야 하며, 피해가 심각하다면 신체감정을 통한 장애등급을 받고 이를 기초로 구체적인 합의에 나서는 것이 유리하다는 점을 기억해야 합니다.

만약 합의를 했는데 예상치 못한 손해가 추가로 발생했다면 어떻게 해야 할까요? 원칙상 한 번 합의를 하면 동일한 건으로는 다시 합의할 수 없습니다. 그러나 법원은 피해자를 보호하기 위해 합의를 했다 하더라도 예견 가능한 손해만 합의한 것이라고 해석합니다. 즉 예상하지 못한 손해는 다시 합의를 요청할 수 있는 것이죠. 교통사고가 발생하고 난 뒤 한참 지나서 문제가 발생해도 마찬가지입니다. 예상하지 못한 손해가 발생했다면 합의 시점이 아닌 손해가 발생한 시점을 기준으로 다시 합의를 요청할 수 있습니다.

피해자라면 향후 보상금도 명확하게 요구하자

•

교통사고로 인한 손해배상은 사람과 차량에 대한 부분을 분리해 산정해야 합니다. 차량은 자동차 수리업체의 견적서로 배상액을 판별할 수 있으나, 사람은 사고로 인한 부상 및 장애의 정도에 따라 배상액이 다르게 결정됩니다. 통상 사람에 대한 손해배상은 치료비, 일하지 못하는 기간 동안의 임금(일실이익), 위자료 등 3가지 부분으로 구별됩니다. 피해자는 이 3가지를 반드시 청구해야 합니다.

우선 치료비는 입원료, 약제비, 간병비 등 직접적인 치료비용과 성형수술비, 물리치료비 등 향후 예상되는 비용도 포함됩니다. 그리고 일실이익은 말 그대로 '잃어버린 이익'을 뜻하는데, 가해자는 교통사고로 인해 피해자가 얻지 못하는 이익을 피해자에게 보상해줘야 합니다. 즉 사고를 당하지 않았다면 피해자가 일을 해서 벌어들일 수 있었던 이익에서 사고 후에 피해자에게 발생한 수입을 뺀 차액을 가해자가 보상해야 합니다. 마지막으로 위자료는 교통사고 피해자가 치료 과정과 치료 후 회복 과정에서 입은 정신적 고통에 대한 보상을 받는 개념입니다. 가해자에게 당연히 위자료도 요구해야 합니다.

만약 교통사고 후 이미 치료비 등을 받았는데 몇 년이 지나 후유증이 발생한 경우에는 어떻게 해야 할까요? 법원은 이미 치료비를 받았더라도 추가로 손해가 발생했다면 이를 배상받을 수 있다는 취지로 판결한 바 있습니다. 즉 치료비를 받을 당시 후유증이 발생하리라는 점을 예상할 수 없었고, 후유증에 대한 치료비 청구를 포기하지 않았다면 추가로 손해배상을 청구할 수 있다는 뜻입니다.

⚖️ 법률상식 핵심 포인트

① 교통사고 발생 시 현장 보존과 초기 진술이 중요하다.
② 되도록 상대방과 합의서를 작성해야 하며, 합의서에서는 추가 치료비 부분이 핵심이다.
③ 피해자라면 향후 보상금도 명확하게 요구해야 한다.

의뢰인이 알아야 할
기본 상식

법적 분쟁 상황에 빠졌다면 냉정을 유지하기가 어렵습니다. 미리 예상하고 대처할 방법을 마련했다면 다행이지만 보통 변호사에게 모든 것을 맡기면 된다고 생각합니다. 당사자인 의뢰인이 변호사에게만 모든 것을 맡기고 사건에서 손을 놓으면 큰 낭패를 볼 수 있습니다. 승소하고자 한다면 다음의 3가지를 기억하기 바랍니다.

1. 법적 분쟁 상황 정리하기

2. 관련된 모든 증거와 서류 챙기기

3. 최소한의 기본 법률용어 공부하기

  먼저 자신이 당면한 법적 분쟁 상황을 메모지에 정리하거나 그림으로 그려봐야 합니다. 법적 분쟁 상황은 보통 예상치 못한 '사고'에 가깝기 때문에 안절부절못하는 경우가 많죠. 이때 변호사를 급하게 만나 이런저런 말을 쏟아내도 큰 도움이 되지 않습니다. 오히려 의뢰인이 사실을 정확하게 전달하지 못하고 감정에 호소하면 변호사는 사건 파악에 어려움을 겪을 수 있습니다.

  변호사는 사실을 법률로 정리하는 역할을 합니다. '관심법'으로 마음을 꿰뚫어 보는 궁예가 아니기 때문에 의뢰인의 생각을 모두 알지 못합니다. 그러므로 변호사에게 사건을 차근차근 설명해줘야 합니다. 시간 순서대로, 분쟁 상황별로 잘 풀어서 이야기를 해야 변호사도 그에 맞는 법적 판단과 조언을 제공할 수 있습니다.

  되도록 말로 하기보다는 적어서 가는 것이 좋고, 이해를 돕기 위해 표나 그림을 활용해도 좋습니다. 다만 정리한 내용이 너무 방대해서는 안 됩니다. 개인이 겪는 문제가 아무리 복잡하다 해도 A4용지 1장을 넘기는 경우는 거의 없습니다. 만약 분량이 1장을 넘어간다면 불필요한 사실이 섞여 있을 수 있으므로, 가능하면 간단하게 시간 순서대로 상황을 다시 정리해서 변호사에게 보여주도록 합시다.

그리고 가끔 변호사와 상담을 하러 오면서 증거를 놓고 오는 의뢰인이 있습니다. 그만큼 증거와 서류의 중요성을 간과한 것이죠. 필자 역시 의뢰인이 가져온 자료를 보고 이리저리 머리를 굴려가며 대략적인 그림을 그렸는데, 결정적인 증거를 집에 두고 왔다는 이야기에 허탈해한 기억이 있습니다.

어떤 서류를 가져와야 할지 몰라서 그냥 왔다는 의뢰인도 있는데요. 사건 해결에서 가장 중요한 순간은 변호사와 첫 상담을 할 때입니다. 가져올 수 있는 모든 서류를 가져와야 변호사가 열심히 검토한 뒤 비로소 소송에 대해 이야기할 수 있습니다. 세상에 필요 없는 서류는 없습니다. 모든 서류가 소송에 다 도움이 됩니다. 뭐가 중요한지 잘 모르겠다면 일단 다 가져갑시다.

또한 변호사를 만나기 전에 최소한의 법률용어는 알고 가야 합니다. 변호사는 상담할 때 최대한 쉬운 말로 의뢰인에게

허변의 놓치면 호구 되는 최소한의 법률상식

설명하려 하지만, 애초에 법전에 규정되어 있는 법률용어 자체가 어렵다 보니 한계가 있죠. 아무리 쉽게 설명해도 법률용어 자체를 모르면 이해할 수 없습니다. 기본적인 법률용어에 익숙해져야만 변호사와 원활한 소통이 가능합니다. 다음은 민사·형사·신청사건에서 쓰이는 기초적인 법률용어를 정리한 내용입니다. 변호사를 만나기 전에 반드시 여러 번 읽어봅시다.

민사사건 용어

1. 원고, 피고: 원고와 피고는 소송 당사자를 말한다. 원고는 소송을 법원에 제기한 사람, 피고는 그 소송의 상대방이다.

2. 소장, 답변서: 소장은 원고가 재판에서 법원이 판단해주기를 원하는 내용을 적은 서면이다. 답변서는 원고의 소장에 대한 피고의 답변을 적은 서면으로, 보통 원고의 청구를 인정하거나 부인한다.

3. 준비서면: 원고가 소장을 제출하고 피고가 답변서를 제출하면 재판이 본격적으로 시작되는데, 이 과정에서 원고와 피고가 자신들의 주장을 적어서 법원에 제출하는 서면이다.

4. 변론: 원고와 피고가 직접 법정에 출석해 원하는 점을 재판장에게 설명하는 절차를 의미한다. 변론기일에서는 원고와

피고가 원칙적으로 말로써 증거를 제출하고 설명하게 된다. 이때 재판장은 원고와 피고에게 사건과 관련된 궁금한 사항을 물어볼 수도 있다.

5. 기일: 원고와 피고, 법원이 소송 행위를 하기로 결정한 시간을 말한다. 변론을 준비하기 위한 변론준비기일, 실제로 변론을 하기 위한 변론기일, 판결 선고를 하기 위한 선고기일, 증거를 조사하기 위한 증거조사기일 등이 있다.

6. 송달: 소송과 관련된 서류들이 원고나 피고에게 전달되는 것을 말한다.

7. 항소: 1심 판결에 불복해 상급법원인 고등법원이나 지방법원 합의부(항소부)에 다시 한번 재판을 해달라는 것을 말한다. 항소는 판결문을 받은 날부터 2주 이내에 해야 하고, 항소장은 1심 판결을 받은 법원에 제출해야 한다.

8. 상고: 2심 판결인 항소심에 불복해 상급법원인 대법원에 다시 한번 재판을 신청하는 일로, 지방법원 합의부에서 진행된 항소심도 고등법원이 아닌 대법원으로 상고해야 한다.

9. 항고: 판결 이외의 법원의 결정, 명령 등에 대해 다시 한번 판단해달라는 독립적인 상소를 의미한다.

10. 재심: 확정된 종국판결에 흠이 있을 때 판결의 취소와 사건

의 재심판을 구하는 것을 의미한다. 그러나 이미 확정된 판결을 다시 재판한다는 것은 법적 안정성에 좋지 않은 영향을 끼칠 수 있어 요건이 까다롭다.

11. 기각: 소송에서 원고 또는 항소인, 상고인의 청구를 인정하지 않는 판결이나 결정을 의미한다. 흔히 패소라고 불린다.

12. 각하: 원고 또는 항소인, 상고인의 청구를 인정하지 않는다는 점에서 기각과 비슷하지만 그 이유가 다르다. 기각은 원고의 청구가 정당한지를 판단한 후 내리는 결정이지만, 각하는 청구의 정당성 이전에 당사자가 제대로 되어 있는지, 소송이 적법하게 제기되었는지를 따져서 나오는 결정이다.

13. 검증: 재판장이 자신의 감각을 동원해 사물의 외형을 보고, 듣고, 느낀 결과를 조사하는 방법으로, 보통 자동차 사고의 현장, 공사장의 상황 등에 주로 사용된다.

14. 감정: 법관이 알기 어려운 전문 분야에 대해서 특별한 학식과 경험이 있는 제3자, 즉 감정인에게 의견이나 지식을 보고하도록 하는 과정을 말한다. 보통 필적이나 도장이 동일한지, 사람의 정신 상태나 혈액형 판단 등의 분야에 많이 사용된다.

형사사건 용어

1. 고소인과 피고소인: 고소한 사람을 고소인, 고소당한 사람을 피고소인이라고 한다. 고소를 할 수 있는 사람은 피해자, 그리고 피해자가 무능력자인 경우 법정대리인 등이 있다.

2. 피의자: 범죄 혐의로 수사기관의 수사 대상이 된 사람으로서 검찰 또는 고위공직자범죄수사처가 공소를 제기하기 전의 단계에 있는 사람이다. 만약 검찰이 공소를 제기하면(기소하면) 피고인이 된다.

3. 피고인: 검찰 또는 고위공직자범죄수사처에 기소된 상태로, 이 경우 피의자에서 피고인으로 전환된다. 형사재판에서 피고인은 검사와 대등한 입장에서 자신의 무죄를 주장할 수 있는 당사자가 되며, 자신이 무죄라는 점을 적극적으로 주장해야 한다.

4. 참고인: 수사기관의 조사 대상인 피의자나 피고인이 아니지만 사건과 연관성이 있는 사람으로, 통상 사건의 내용을 알고 있거나 사건을 목격한 사람을 가리킨다.

5. 수사: 범죄가 발생했거나 발생한 것으로 예상되는 경우 수사기관이 범인과 증거를 찾고 수집하는 활동을 말한다.

6. 고소, 고발, 신고: 고소는 범죄의 피해자 등 고소권을 가진 사

허변의 놓치면 호구 되는 최소한의 법률상식

람이 수사기관에 범죄 사실을 신고하면서 범인을 처벌해달라고 요구하는 것이다. 단순히 피해 신고를 하는 것이 아니라 범죄자를 '처벌'해달라고 적극적으로 의사를 표명하는 것이다. 고발은 범죄의 피해자나 고소권자가 아닌 제3자가 수사기관에 범죄 사실을 신고해 범인을 처벌해달라고 요구하는 의사 표시다. 누구든지 범죄가 있다고 판단되는 경우 고발할 수 있다. 신고는 수사기관 등에 단순히 해당 사실을 보고하거나 알리는 행위를 말한다.

7. 공소(기소): 수사기관은 피의자에 대해 수사를 진행하고, 범죄 혐의가 인정된다면 법원에 공소장을 제출해 죄의 유무나 형량에 대한 재판을 청구한다. 이를 통상 '기소한다'라고 표현한다.

8. 기소 유예: 범죄를 저지른 사실은 있으나 범인의 나이, 성격, 지능이나 피해자와의 관계, 범행을 저지르게 된 동기, 범행 후의 조치 등을 종합적으로 참작해 공소를 제기하지 않기로 하는 결정이다.

9. 혐의 없음(무혐의): 범죄를 저지르지 않았다고 판단할 수 없는 경우 또는 범죄를 저질렀다는 점을 증명할 증거가 충분하지 않은 경우에 검사가 내리는 처분이다.

10. 죄가 안 됨(범죄 불성립): 피의자가 범죄를 저지른 것이 명확하지만 형사 미성년자나 심신 상실자로서 범죄에 대한 책임을 묻기 어려운 경우 또는 범죄를 저지를 수밖에 없는 특별한 이유, 즉 정당방위가 인정되는 경우에 내려지는 처분이다.

11. 공소권 없음: 불기소 처분의 하나로 범죄를 저지른 것이 확실하지만 공소시효가 완성된 경우에 해당하는 처분이다. 이미 공소가 제기되었거나 판결이 확정된 경우에도 이러한 처분이 내려진다.

12. 각하: 고소장이나 고발장이 부실해 그것만으로 혐의가 없다고 인정되는 경우, 그리고 고소권자가 아닌데 고소하거나, 고소인이나 고발인이 수사기관에 출석하지 않은 경우에 하는 처분이다.

13. 기소 중지: 범죄 혐의자에게 연락을 취할 수 없는 경우 기소를 보류하는 처분이다. 이때 수사기관은 피의자를 지명수배하게 된다.

신청사건 용어

1. 보전처분: 채권자의 권리를 보전하기 위해 본안에 앞서서 제

허변의 놓치면 호구 되는 최소한의 법률상식

기하는 소송으로, 이 경우 확정적인 결론이 아닌 잠정적인 처분이 내려진다. 소송이 진행되는 동안 채무자의 재산 상태가 변하거나 부동산의 경우 소유자가 바뀌기도 하는데, 이때 채권자가 이기더라도 채무자로부터 돈을 받아내기 어려운 상황이 될 수 있다. 이를 미리 막아놓는 절차를 보전처분이라 한다.

2. 가압류: 금전이나 금전으로 환산할 수 있는 청구권을 그대로 두면 나중에 강제집행이 어려운 상황이 될 수 있다. 이 경우 미리 채무자의 재산을 압류해 압류 당시의 상태를 보전하고, 변경을 금지해 나중에 강제집행을 할 수 있도록 하는 절차다.

3. 가처분: 금전채권 이외의 청구권을 보전하거나, 다툼이 있는 권리관계에 관해 임시의 지위를 정하기 위한 재판 절차를 말한다.

4. 공탁: 법령의 규정에 의해 금전이나 다른 물품을 공탁소(은행 또는 창고업자)에 맡기는 절차를 공탁이라고 한다. 공탁을 하는 이유는 채무자가 채무를 갚으려고 하나 채권자가 이를 거부하는 경우, 또는 채권자가 누구인지 알지 못하는 경우 등이 있다.

5. 담보 제공: 보전처분 또는 강제집행정지 등이 들어왔을 때

그 신청을 막기 위해 제공하는 것을 말한다.

6. 보증보험: 채무자가 계약을 이행하지 않거나 법령에 의한 의무 불이행으로 채권자에게 손해를 입힌 경우, 그 손해를 약정한 계약에 따라 보험사가 보상하는 제도다.

7. 등기: 부동산 등기부등본이라는 공적인 장부에 기입하는 절차를 말한다. 소유권보존등기, 소유권이전등기, 근저당권설정등기 등이 있다.

더불어 재판이 진행 중이라면 불복 또는 이의신청을 하는 기간을 기억해야 합니다. 이 기간을 놓치면 특별한 사정이 없다면 소송 절차가 그 시점에서 종료됩니다. 아무리 억울해도

불복 또는 이의신청 기간

민사재판	항소장	판결문 받은 날부터 14일
	상고장	판결문 받은 날부터 14일
	지급명령 이의신청	지급명령 받은 날부터 14일
형사재판	항소장	판결 선고일로부터 7일
	상고장	판결 선고일로부터 7일
	항소이유서	소송기록 접수 통지서를 받은 날부터 20일
	상고이유서	소송기록 접수 통지서를 받은 날부터 20일

허변의 놓치면 호구 되는 최소한의 법률상식

법원이 절차를 다시 시작해주지 않습니다. 해당 기간은 반드시

기억해야 합니다.

PART 2

월급쟁이를 위한
생존 법률상식

처음에는 설레는 마음으로 정말 좋은 회사인 줄 알고 입사했는데, 불합리한 일을 겪고 난 뒤 쫓겨나듯이 퇴사해본 적이 있나요? 아니면 울며겨자 먹기로 어쩔 수 없이 참으면서 회사를 다녀본 적이 있나요? 유급휴가를 받지 못하고, 월급도 퇴직금도 일한 만큼 받지 못하고, 부당하게 해고를 당하고, 성추행을 당하고…. 세상에는 참 억울한 월급쟁이가 많습니다. 운 좋게 좋은 회사에 입사했다고 해도 평생직장의 개념이 사라진 요즈음, 언젠가 이직할 생각을 하면 눈앞이 캄캄해집니다. 그만큼 선량한 월급쟁이를 괴롭히는 나쁜 회사, 나쁜 상사가 많다는 뜻이겠죠. 하지만 다행히 법은 우리의 편입니다. 근로자를 보호하는 법이 있다는 걸 꼭 기억하세요. 나쁜 회사, 나쁜 상사에게서 당신을 보호해줄 테니까요.

허변의 놓치면 호구 되는 최소한의 법률상식

SECTION 01

근로계약서만 꼼꼼히 확인해도 걱정 없다

오랜 취업 준비 끝에 드디어 취직에 성공한 E씨! 대학 졸업 후 수년 동안 돈을 벌지 못했는데, 드디어 취업에 성공해 밀린 학자금 대출을 갚을 수 있게 되었습니다. 그런데 E씨는 출근 첫날부터 난관에 봉착합니다. 인사담당자와 근로계약서를 두고 면담을 하는데 도통 뭐가 뭔지 이해되지 않았기 때문입니다. 하얀 게 종이이고 검은 게 글씨인 건 알겠는데 나머지는 눈에 잘 들어오지 않았습니다. 일단 면접 때 회사로부터 들은 연봉과 근로계약서에 기재된 연봉이 다르지 않다는 것은 확인했는데, 연봉 외에 도대체 어떤 점을 신경 써서 살펴봐야 하는 걸까요?

오랜 기다림 끝에 드디어 취업에 성공한 E씨. 아마도 잔뜩 들뜬 상태일 것입니다. 하지만 그렇다고 근로계약을 대충 체결해서는 안 됩니다. 근로계약서를 확인하고 작성하는 과정은 회사와 직원 간의 관계를 설정하는 과정이기 때문입니다. 특히 근로계약서는 회사에는 임금 지급의 의무를, 근로자에게는 근로 제공의 의무를 부여하는 기본적인 서면이니 반드시 꼼꼼하게 확인해야겠죠? 근로계약서만 잘 확인하면 나중에 예상하지 못한 억울한 일을 당하지 않을 수 있습니다.

사실 규모가 좀 있는 곳은 근로계약서를 빼놓지 않고 작성하지만, 아직도 구두계약으로 대체하는 소규모 업체가 참 많습니다. 말로만 계약을 해도 효력은 있지만, 구두계약은 훗날 문제가 생기면 대처하기 곤란해질 수 있습니다. 근로자가 일방적으로 피해를 볼 수 있기 때문입니다.

구두로만 계약했다가 나중에 회사가 약속을 이행하지 않으면 어떻게 될까요? 근로자가 회사 측의 이야기를 따로 녹음하지 않는 이상 증거로 쓸 수 있는 게 전혀 없죠. 근로계약서가 없다면 불합리한 대우를 받아도 대처하기 힘들어집니다. 그래서 회사의 규모와 관계없이 근로계약서는 꼭 챙겨야 합니다.

어떤 부분을 확인해야 할까?

•

그렇다면 근로계약서에 명시된 사항 중 어떤 부분을 눈여겨봐야 할까요? 전부 꼼꼼히 챙겨보는 게 좋지만, 일단 반드시 확인해야 할 사항은 총 5가지입니다.

1. 근로 시간

2. 휴일 관련 규정

3. 임금액

4. 임금 지급 방법

5. 상여금

E씨가 받은 근로계약서를 함께 살펴볼까요? E씨의 근로계약서에는 근로 기간, 근로 장소, 근로 시간, 업무 내용, 임금, 휴

근 로 계 약 서

갑: 주식회사 A

을: E씨

갑과 을은 「근로기준법」과 기타 회사의 취업규칙 등을 준수한 근로계약서를 작성하며, 다음과 같은 사항에 동의합니다.

1. 근로 기간: 2024년 1월 1일부터 3년간
2. 근로 장소: 서울특별시 서초구 ○○동 **-**
3. 근로 시간: 주 48시간
4. 업무 내용: 수출입 관련 통관 서무 업무
5. 임금: 연봉 3천만 원
   상여금 20%
6. 휴가: 1개월 개근 시 익월 유급휴가 1일

년   월   일

갑: 주식회사 A (인)

을: E씨 (인)

가까지 중요한 사항이 모두 잘 들어가 있습니다. 그럼 이제 그 냥 안심하고 서명하면 되는 걸까요? 아닙니다. 해당 근로계약 서에는 잘못된 조항이 있습니다.

먼저 '주 48시간'이라고 적힌 근로 시간에 문제가 있습니다. 「근로기준법」에서는 근로 시간이 1일 8시간, 1주 40시간을 초과할 수 없다고 규정하고 있습니다. 이 규정은 직장에 고용주를 제외한 상시근로자, 즉 매월 임금 지급의 근거가 되는 근로일이 16일 이상인 근로자 5인이 넘으면 무조건 적용됩니다. 반대로 근로자 4명 이하일 때는 40시간 초과 근무 규정을 적용할 수 있다는 것이죠. E씨는 자신이 지원한 회사에 근무하는 근로자가 몇 명인지 확인한 뒤, 만약 5명이 넘는다면 근로 시간을 정정해줄 것을 요구해야 합니다.

요즘처럼 경기가 좋지 않은 시기에 너무 까다롭게 굴면 회사에서 '잘못 뽑았네'라고 생각할 수 있으니 최대한 예의 바르게 근무시간을 언급하는 것이 좋습니다. "법적으로 주 40시간만 인정되므로, 근로자가 48시간 근로할 경우 사측에서 야간수당을 지급해야 합니다. 수정해주세요"라고 회사에 손해가 발생할 수 있다는 이유를 대는 것도 좋겠죠. 자칫 회사에 밉보일수 있다는 생각에 그냥 넘어가서는 안 됩니다.

반면 근로자가 5명이 안 되는 사업장이라면 주 48시간의 근로 시간도 인정됩니다. 또 1주에 12시간으로 제한되어 있는 연장근로 시간 제한도 적용되지 않아 12시간을 초과하는 근로를 해야 할 수도 있습니다. 특히 소규모 사업장은 연장근로, 야간근로, 휴일근로에 대해 가산임금 50%가 적용되지 않습니다. 5인 이상 사업장과 5인 미만 사업장은 근로 환경에서 엄청난 차이가 있는 것이죠. 따라서 E씨는 냉정하게 판단해 주식회사 A가 5인 미만 사업장이라면 회사를 계속 다닐지 고민할 필요가 있습니다.

또한 '2024년 1월 1일부터 3년간'이라고 규정된 근로 기간도 잘못되었습니다. 「근로기준법」에 따르면 근로 기간은 1년을 초과할 수 없는데, 이는 근로자가 노동을 부당히 강요받는 경우를 방지하려는 취지에서 결정된 사항입니다. 그런데 이 3년의 근로 기간 계약은 E씨에게 오히려 유리한 조항이기도 합니다. 만일 3년 근무의 근로계약을 체결하면 어떻게 될까요? 근로자는 1년이 지난 후부터 자유롭게 회사를 그만둘 수 있지만, 고용주는 1년이 지나도 「근로기준법」을 내세우며 해고할 수 없습니다.

근로자가 자진해서 관두지 않는 이상 근로계약서 이행을 요구하면 회사는 무조건 계약에 규정된 근로 기간 동안은 채용해야 합니다. 「근로기준법」상 정당한 해고 사유가 있다면 계약 근로 기간 안에도 해고가 가능하지만, E씨가 원한다면 최소 3년 이상은 안전하게 고용이 보장되는 것입니다.

E씨의 근로계약서에는 '1월 개근 시 익월 유급휴가'라고 적혀 있는데요. 유급휴가는 입사일로부터 1년까지는 계약서 내용대로 전월 개근 시 하루씩 사용할 수 있습니다. 예를 들어 11개월을 개근하면 11일의 유급휴가가 생기는 것이죠. 그러나 근로일이 1년이 넘어서는 날부터는 전달에 개근을 하지 않아도 연간 15일의 유급휴가를 받을 수 있습니다. 만약 입사 1년이 지났는데도 고용주가 개근 여부를 따진다면 개의치 말고 15일의 유급휴가를 요구해야 합니다. 유급휴가에 대한 부분은 뒤에서 더 자세히 다루도록 하겠습니다.

표준근로계약서와
비교해 확인하자

•

근로계약서의 양식은 회사마다 조금씩 다를 수 있는데요. 회사에서 준 근로계약서가 제대로 된 것인지 궁금하다면 '표준근로

▶ 고용노동부 사이트 화면. 표준근로계약서 확인 및 관련 민원을 제기할 수 있다.

계약서'와 비교해보는 것이 좋습니다. 표준근로계약서는 정부의 고용노동부 사이트(www.moel.go.kr)에서 확인 가능합니다. 또한 고용노동부 사이트에서 표준근로계약서 확인 외에도 민원을 제기할 수 있는데요. 고용주가 정당하게 근로계약서를 작성해주지 않는다면 사업장 관할 지역 고용노동청에 직접 방문하거나, 인터넷으로 고용노동부 사이트를 통해 민원을 제기할 수 있습니다.

끝으로 근로계약서를 고칠 때는 새로 출력할 필요 없이 해당 부분에 두 줄을 긋고 수정한 후, 수정한 부분에 회사와 근로자의 도장 날인 혹은 서명을 하면 됩니다. 이러면 굳이 새로 출

허변의 놓치면 호구 되는 최소한의 법률상식

력해 처음부터 다시 작성하는 번거로움을 겪을 필요가 없죠. 또 「근로기준법」에 따라 근로계약서는 총 2부를 작성해 근로자에게도 반드시 1부를 주도록 되어 있습니다. 회사에서 E씨에게 따로 근로계약서를 주지 않았다면 달라는 요청도 반드시 빼먹지 말아야 합니다.

 법률상식 핵심 포인트

① 근로계약서에서 근로 시간, 휴일 관련 규정, 임금액, 임금 지급 방법, 상여금을 반드시 확인한다.
② 근로계약서 양식은 회사마다 조금씩 다를 수 있으므로, 표준근로계약서와 비교하는 것이 좋다.
③ 고용노동부 사이트에서 관련 민원을 제기할 수 있다.

유급휴가,
당당하게 요청하자

입사한 지 얼마 안 된 F씨는 최근 며칠 동안 밤늦게까지 야근을
해 몸 상태가 나빠졌습니다. 감기가 심해져 회사에 연차 휴가를
요구하려고 하는데, 생각해보니 입사할 때 연차 휴가나 월차 휴
가에 대해 들은 기억이 없습니다. 입사한 지 얼마 되지 않아 주변
에 물어보기도 어렵고, 그렇다고 몸이 아픈데 억지로 출근할 수
도 없는 상황입니다. F씨는 어떻게 해야 할까요?

휴가는 근로자의 당연한 권리입니다. 휴가에 대한 언급이 없거나 근로계약서에 나와 있지 않더라도 유급휴가는 보장되어야 합니다. 과거에는 연차 휴가와 월차 휴가라는 개념이 나눠져 있었지만, 현재는 법이 개정되어 연차 휴가 하나로 통일되었습니다. F씨는 우선 자신의 연차 휴가가 며칠인지 계산하는 방법부터 알아야 합니다.

입사 1년 미만이어도 연차 휴가는 당연히 있다

•

회사에 근무한 지 1년이 안 된 직장인도 유급휴가를 쓸 수 있습니다. 문제는 이를 직원도 회사도 잘 모르는 경우가 많다는 점입니다. 일부 비양심적인 회사는 유급휴가를 줘야 한다는 것을 알고 있어도 "1년이 되지 않았으니 휴가를 쓸 수 없다"고 주장하기도 합니다. 그러나 입사한 지 1년 미만인 직원이 유급휴가를 쓸 수 없다는 건 옛말입니다. 이미 2018년에 법이 개정되어 입사 1년 미만이어도 연차 휴가를 쓸 수 있게 되었습니다.

이제 막 입사했다고 해도 한 달 개근했다면 다음 달에 1일의 유급휴가를 쓸 수 있습니다. 과거에는 이때 쓰는 휴가를 2년 차에 주어지는 15일의 연차 휴가에서 차감했지만, 「근로기준법」이 개정되면서 더 이상 2년 차의 연차 휴가 수에서 차감하지 않습니다. 예를 들어 새로 입사한 1년 차 근로자는 한 달에 1일씩 최대 11일의 연차 휴가가 발생하고, 이를 언제든 자유롭게 사용할 수 있습니다. 근무한 지 만1년이 되는 시점에는 새로 15일의 연차 휴가가 발생합니다.

다만 1년이 지났다고 해서 모든 직원에게 15일씩 유급휴가가 주어지는 것은 아닙니다. 입사일로부터 1년이 지났어도 그 1년 동안 80% 이상 출근하지 않았다면 15일의 연차 휴가는 보장되지 않습니다. 1년 동안 결근이 20% 이상이라면 1년 미만 근로자와 동일한 연차가 주어집니다.

소정근로일을 감안하고
계산해야 한다

●

입사일로부터 1년이 지난 시점부터는 1년간 80% 이상 출근한 경우에 한해 연간 15일의 연차 휴가를 쓸 수 있습니다. 이때부터는 전월에 개근하지 않아도 휴가를 쓸 수 있는데요. 당연히 휴가 기간 중에도 임금은 지급됩니다.

간혹 일부 회사는 1년간 80% 이상을 출근해야 한다는 조항을 엉뚱하게 해석해 365일 중 80%, 즉 292일 이상을 출근해야 한다고 주장하기도 합니다. 그러나 이는 사실이 아닙니다. 1년 중 근로자가 근무하지 않아도 되는 날을 뺀 나머지 날을 소정근로일이라고 하는데, 근무일을 산정할 때는 이 소정근로일을 제외하고 셈해야 합니다. 365일 중 소정근로일은 대략 220일 정도이므로 176일 이상만 근무하면 연차 휴가를 받을 수 있는 것이죠.

또한 정규직이 아닌 비정규직과 계약직도 당연히 연차를 지급받을 수 있습니다. 심지어 아르바이트생이라고 해도 하루

소정근로일에 포함되는 날과 아닌 날

포함되는 날	아닌 날
1. 산재 요양 기간	1. 무급휴무일
2. 산전·산후 휴가 기간	2. 주휴일
3. 예비군·민방위 훈련 기간	3. 근로자의 날
4. 선거권 등 공민권 행사를 위한 휴무일	4. 약정 휴일
5. 연차 휴가 등 허락된 휴가 기간	5. 기타 이상에 준하는 날
6. 기타 이상에 준하는 날	

에 3시간 이상, 일주일에 15시간 이상 근무했다면 연차수당 지급 기준이 적용됩니다. 경력사원 역시 법 규정에 따라 입사일을 기준으로 연차 휴가가 적용됩니다. 경력을 고려해 입사 첫해부터 연 15일의 유급휴가를 주는 것은 회사의 재량이죠. 다만 소규모 사업장은 회사가 영세한 점을 고려해 여러 가지 특례가 적용되는데, 그 결과 5인 미만 사업장의 근로자는 유급으로 연차 휴가를 사용할 수 없습니다.

가족돌봄휴직·휴가와 육아휴직 제도

•

가족돌봄휴직·휴가 제도와 육아휴직 제도도 꼭 염두에 둬야 합니다. 가족돌봄휴직 제도는 불가피한 사정으로 가족을 돌봐야 할 경우 무급으로 90일간 주어지는 휴가입니다. 기존의 가족돌봄휴직 제도는 사용할 때 최소 30일 이상 쉬어야 하는 단점이 있었습니다. 2020년 1월 1일부터 가족돌봄휴가 제도가 신설되어 90일 중 10일을 하루 단위씩 사용할 수 있게 되었습니다. 일종의 연차 휴가 개념처럼 자유롭게 사용할 수 있게 된 것입니다.

가족돌봄휴직·휴가 제도는 가족(부모, 자녀, 배우자, 배우자의 부모, 조부모, 손자녀)이 질병이나 사고 등으로 돌봄이 필요할 때 사용할 수 있는 제도로, 특별한 사유가 없는 한 사업주는 거부할 수 없습니다. 사업주가 이를 위반해 근로자의 가족돌봄휴직·휴가 제도를 막는다면 500만 원 이하의 과태료를 물게 됩니다.

가족돌봄휴직·휴가 제도와 관련해 특히 중요한 부분은 휴직·휴가 기간도 근속기간에 포함된다는 점입니다. 근속기간은 근로자의 승진, 승급, 퇴직금 등을 산정할 때 중요한 기초자료인데요. 가족돌봄휴직·휴가를 실시했다고 근속기간에서 제외하면 안 된다는 것이죠.

육아휴직 제도도 반드시 챙겨야 합니다. 육아휴직 제도란 만8세 이하, 초등학교 2학년 이하의 자녀를 둔 근로자가 양육을 위해 1년간 휴직할 수 있는 제도를 의미합니다. 과거에는 엄마가 먼저 사용하고 복직한 다음 아빠가 사용하는 식으로 같은 자녀에 대해 부부 중 한 사람만 사용할 수 있었습니다. 그러나 2020년 2월부터는 같은 자녀에 대해 부부가 동시에 육아휴직 제도를 사용할 수 있게 바뀌었습니다. 특히 2021년 11월부터는 임신 중에도 육아휴직 제도를 이용할 수 있게 되었습니다.

육아휴직 제도를 이용하면 육아휴직 급여도 받을 수 있는데요. 수급 요건을 충족하면 1년 이내 육아휴직 기간에 대해 통상임금의 80%를 육아휴직 급여로 받을 수 있습니다. 이때 육아휴직 급여의 상한액은 월150만 원, 하한액은 월70만 원입니다. 다만 육아휴직 급여액 중 25%는 직장에 복귀한 시점으로부터 6개월 후에 합산해 지급받습니다.

특히 2024년 1월 1일부터는 18개월 미만의 자녀를 동시에 또는 순차적으로 키울 경우 6개월 동안 육아휴직 급여가 상향되는 '6+6 육아휴직 제도'가 시행됩니다. 예를 들어 부모가 모두 6개월씩 육아휴직 급여를 청구한다면, 각각 최대 월450만 원을 지원받을 수 있습니다. 이는 통상임금의 100%로 기존 80%에 비해 상향된 금액입니다. 부모가 모두 1개월씩 육아휴직 급여를 청구해도, 각각 최대 월200만 원을 지원받을 수 있습니다.

한편 2020년부터는 사기업도 법정공휴일에 쉬게 됩니다. 놀랍게도 2020년 전까지는 국경일, 신정, 성탄절 등이 사기업의 공휴일에 포함되지 않았습니다. 공무원과 공공기관 직원들에게만 적용되는 공휴일이었죠. 근로자의 날과 주휴일만 법으로 보장된 사기업의 유급휴무일이었습니다. 다행히 「근로기준법」이 개정되면서 나머지 법정공휴일도 유급휴무일에 포함됩니다. 다만 모든 사업장에 한꺼번에 적용되는 것은 아닙니다. 2020년에는 상시근로자 수 300명 이상의 기업에 우선 적용되고, 2021년부터는 30인 이상~300인 미만 기업, 2022년부터는 5인 이상~30인 미만 기업으로 점차 확대되고 있습니다.

다시 강조하지만 휴가는 근로자의 당연한 권리입니다. 직장인이라면 자신에게 주어진 연차 휴가를 정확하게 계산해보고, 회사에 유급휴가를 당당하게 요청합시다.

🔖 법률상식 핵심 포인트

① 입사 1년 미만이어도 연차 휴가는 당연히 있다.
② 입사일로부터 1년이 지난 시점부터는 1년간 80% 이상 출근한 경우에 한해 연간 15일의 연차 휴가를 쓸 수 있다.
③ 가족돌봄휴직·휴가 제도와 육아휴직 제도도 반드시 챙겨야 한다.

월급도 퇴직금도
일한 만큼 받자

최근 경기불황으로 G씨가 다니는 회사는 직원들에게 월급조차

주지 못하는 상황에 이르렀습니다. G씨는 밀린 카드값과 공과금

걱정에 눈앞이 캄캄해졌습니다. 결국 퇴직금이라도 건지자는 생

각에 퇴사를 결심하는데, 회사는 이미 퇴직금을 지급했으니 더

줄 돈이 없다고 주장합니다. 재무팀에선 "최초 계약했던 연봉에

이미 퇴직금이 더해져 있었다. 연봉을 13으로 나눠서 월급을 지

급했고, 마지막 달에 나머지 1/13을 추가로 지급했으니 퇴직금은

이미 받은 것이다"는 이상한 논리를 폈습니다. G씨는 억울해서 잠이 오지 않습니다.

간혹 연봉 총액에 퇴직금을 포함해 연봉 계약을 맺는 회사가 있는데, 이는 엄연한 「근로기준법」 위반입니다. 법을 잘 모르는 근로자를 속여서 퇴직금을 주지 않으려는 꼼수인 것이죠. 하지만 회사는 반드시 조건을 충족한 근로자에게 퇴직금을 지급해야 합니다.

퇴직금 제도는 근속기간이 1년 이상인 근로자에게 30일분 이상의 평균임금을 퇴직금으로 지급하는 제도로, 퇴직한 근로자에게 일정 소득을 보장해 사회적인 불안을 막기 위한 일종의 안전장치입니다. 보통 1년을 근무하면 한 달 치 급여에 해당하는 금원이 퇴직금이 되는데요. 고용노동부 사이트에서 제공하는 퇴직금 계산 서비스를 이용하면 쉽게 자신의 퇴직금을 계산해볼 수 있습니다.

회사는 퇴직 다음 날부터 14일 이내에 퇴직금을 지급해야 합니다. 실제로 회사와 근로자 사이에 다툼이 자주 벌어지는 부분이 바로 이 퇴직금 문제인데요. 이번 기회에 관련법을 꼼꼼하게 파악해 불이익을 당하는 일이 없도록 합시다.

퇴직금을 당당히
요구해야 하는 이유

•

퇴직금은 근로관계가 종료되어야만 발생합니다. 즉 회사가 근로자에게 "근무 기간 중에 퇴직금을 분할해서 줬으니 퇴직금을 지급할 이유가 없다"는 식으로 주장해도, 절대로 그 말에 속으면 안 됩니다. 근로계약이 계속되고 있는 한 사용자가 퇴직금이라는 명목으로 지급한 돈은 법적으로 퇴직금이 아닙니다 (근로계약이 끝나야만 비로소 '퇴직금'이 발생하기 때문입니다). 즉 근로 도중에 퇴직금이라는 이름으로 금원을 받았다고 하더라도, 퇴직할 때는 따로 '진짜' 퇴직금을 청구할 수 있습니다.

퇴직금과 관련된 대표적인 분쟁 유형이 G씨와 같은 사례입니다. G씨의 회사는 퇴직금을 1년마다 분할해 지급했으니 퇴사 후 따로 퇴직금을 지불할 필요가 없다고 주장하고 있습니다. 그러나 이는 명백한 꼼수입니다. 연봉에 퇴직금이 포함된다는 내용은 「근로자퇴직급여 보장법」을 정면으로 위반한 것입니다.

가끔 어떤 회사는 근로자의 서명이 적혀 있는 문서를 내놓으면서 "근로자가 입사할 때 퇴직금을 중간 정산하는 데 동의했다"고 주장하기도 합니다. 또 입사 면접에서 퇴직금이 연봉에 포함되어 있다는 설명을 했다며 서명까지 받았다고 주장합니다. 그러나 근로자의 서명이 적혀 있는 문서는 실제 퇴직금 산정에 영향을 주지 못합니다. 퇴직금 제도는 회사나 사용자가 임의로 배제할 수 없는 강행규정이기 때문입니다. 즉 무조건 줘야 한다는 뜻입니다.

회사의 일방적인 퇴직금 중간 정산은 근로자에게 손해가 되는 측면도 있습니다. 보통 근로자의 연봉은 해가 지날수록 오르기 마련입니다. 예를 들어 G씨가 1년 차에 2,400만 원, 2년 차에 3,600만 원, 3년 차에 4,800만 원의 연봉을 받았다고 가정해봅시다. 회사의 계산대로 매해 퇴직금을 정산하면 1년 차에 200만 원, 2년 차에 300만 원, 3년 차에 400만 원의 퇴직금을 받아 총 900만 원을 수령하게 됩니다. 그러나 법상으로는 최종 3개월 동안 지급된 임금액을 기준으로 평균임금을 산정하므로 G씨가 받아야 할 정당한 퇴직금은 1,200만 원(400만 원×3개월)이 됩니다. 중간 정산을 원하는 회사의 계산과는 무려 300만 원 차이가 나는 것이죠. 이래저래 회사의 일방적인 중간 정산은 무효이므로, G씨는 당당히 별도의 퇴직금을 청구할 수 있습니다.

다만 예외는 있습니다. 「근로자퇴직급여 보장법」 제8조 및 동법 시행령 제3조에 따라 다음과 같은 사유가 있으면 퇴직금 중간 정산이 가능합니다. 물론 근로자의 희망으로 중간 정산을 한다는 명시적인 서류를 따로 작성해야겠죠.

1. 무주택자 근로자가 본인 명의로 주택을 구입할 때
2. 무주택자 근로자가 주거를 목적으로 전세금 또는 보증금이 필요할 때
3. 근로자 본인, 배우자, 부양가족이 질병이나 부상으로 장기간 (6개월 이상) 요양이 필요할 때
4. 퇴직금 중간 정산을 신청한 날을 기준으로 거꾸로 계산해 5년 이내 근로자가 파산 선고를 받거나 개인회생절차 개시 결정을 받았을 때
5. 사용자가 기존의 정년을 연장 혹은 보장하는 조건으로 일정 나이, 근속 시점 또는 임금액을 기준으로 임금을 줄이는 제도를 시행할 때
6. 임금피크제 시행 또는 시간제 근무자로 변경될 때
7. 천재지변으로 피해를 입는 등 고용노동부 장관이 정한 요건에 해당될 때

내용증명부터
소송까지

•

퇴직금뿐만 아니라, 회사의 사정으로 월급을 받지 못했는데 소송을 생각하니 머리가 아파져 지레 포기하는 경우도 있습니다. 그러나 밀린 월급을 받기 위해 반드시 법원에 소송을 해야 하는 것은 아닙니다(해야 하는 경우도 있기는 합니다). 정부는 근로자를 보호하기 위해 「근로기준법」으로 밀린 월급을 손쉽게 받을 수 있는 제도를 마련했습니다.

법에 따르면 임금 체불을 한 고용주는 3년 이하의 징역 또는 2천만 원 이하의 벌금에 처하도록 규정되어 있습니다. 따라서 월급을 안 주면 속된 말로 빨간 줄이 그어질 수 있는 것이죠. 이렇게 강력한 형사처벌 조항까지 마련되어 있어, 고용주는 웬만하면 밀린 월급을 주려고 합니다.

월급이 밀리면 일단 고용주에게 달라고 요청한 후, 그래도 주지 않고 버티면 내용증명 혹은 통고서를 보냅니다. 내용증명은 우체국에 가서 '월급을 주세요'라는 내용으로 특수한 등기우편을 보내는 것입니다. 내용증명을 보내면 우체국이 1부 보관하고, 1부는 상대방에게 보내고, 1부는 발신인에게 돌려줍니다. 인터넷 우체국을 이용할 수도 있는데, 우체국 사이트에서 내용증명을 선택해 수신인과 발신인, 내용 등을 작성하면 송부 가능합니다.

이러한 내용증명을 보내는 이유는 수신인이 월급을 주지 않는 상황이 발생했고, 이를 지적하기 위해 발신인이 내용증명을 보냈으며, 수신인은 내용증명을 받음으로써 위와 같은 내용을 알게 되었다는 3가지 사항을 공식적으로 남겨놓기 위함입니다. 내용증명에는 발신인과 수신인, 육하원칙에 따른 요구사항, 작성일자 등을 적으면 됩니다. 우체국은 약 1년 정도 내용증명을 보관하며, 법적 분쟁이 발생할 경우 내용증명을 입증자료로 법원에 제출할 수 있습니다. 물론 내용증명이 법적인 강제성을 가지는 것은 아닙니다. 그러나 상대방에게 심리적인 압박을 가해 밀린 월급을 받을 가능성을 높일 수 있습니다.

만약 그래도 밀린 월급을 주지 않는다면 어쩔 수 없이 법적 절차를 밟아야 합니다. 먼저 각 지역에 있는 지방 고용노동청에 월급 미지급에 대한 진정서를 간단하게 작성해 제출합니다. 근로감독관은 진정서를 보고 해당 고용주에게 전화해 "임금 미지급에 대해 조사할 것이 있으니 고용노동부로 오라"고 날짜를 통보합니다. 해당 날짜까지 고용노동부에 불려간 고용주는 대부분 "형사처벌을 받을 수 있다"는 말을 듣고 어떻게든 근로자에게 월급을 주게 됩니다. 그러면 근로자는 월급을 받고 진정을 취하하면 되죠.

그러나 형사처벌에도 불구하고 끝까지 배짱을 부리는 고용주가 있습니다. 이때는 고용노동부에서 '체불금품확인원'을 받아야 합니다. 근로 기간과 미지급 임금 등이 적혀 있는 체불금품확인원은 소송에서 월급을 받지 못했다는 강력한 증거가 됩니다. 인터넷에 있는 임금 청구소장에 체불금품확인원을 첨부해 제출하면 재판이 열리고 승소 판결문을 받을 수 있습니다.

회사의 꼼수를
조심하자

●

회사의 꼼수만 조심하면 일한 만큼 정당하게 임금을 받을 수 있습니다. 다음은 G씨의 직장동료 H씨의 이야기입니다.

H씨는 회사 사정이 더 어려워질 것을 우려해 관둔다는 G씨의 소식을 듣고 깊은 고민에 빠집니다. H씨 역시 임금 체불 때문에 마

음고생을 하던 중이었죠. 결국 G씨를 따라 퇴사하기로 결심하고 사측에 사표를 전달했습니다. 그런데 이번에는 회사의 반응이 조금 다릅니다. 재무팀에서는 "회사 사정이 곧 나아질 것 같다. 우선 퇴사하고, 기다려주면 밀린 월급과 퇴직금을 주겠다"고 이야기합니다. 그렇게 H씨는 돈을 받지 못하고 이직을 합니다.

H씨는 이직하고 2년이 훌쩍 지난 시점까지도 월급과 퇴직금을 받지 못합니다. 그렇게 몇 년이 지나니 이전에 다니던 회사에 돈을 달라고 말하기가 더 어려워집니다. 아마 회사는 임금과 퇴직금의 소멸시효를 기다리고 있을지도 모릅니다. H씨가 받아야 할 임금과 퇴직금도 일종의 채권입니다. 그래서 받을 수 있는 권리가 무한정 지속되지는 않습니다.

법에 따르면 임금은 정기 지급일의 다음 날부터 3년간 청구할 수 있는 권리가 있고, 퇴직금은 퇴직한 날의 다음 날부터 3년간 권리가 보장됩니다. 이 기한이 지나 소멸시효가 완성되면 근로자는 더 이상 권리 주장을 하지 못합니다. 회사가 밀린 임금 지급을 3년 가까이 차일피일 미룬다면 소멸시효를 기다리는 꼼수일 수 있습니다. 이러한 얄팍한 수에 넘어가면 안 되겠죠.

뒤늦게 소멸시효의 존재를 파악한 H씨는 '내일이면 3년이 넘어가는데 어떡하지?'라고 생각하며 발만 동동 구릅니다. 그런데 너무 걱정하지 않아도 됩니다. 우리 법은 근로자를 보호하고자 소멸시효를 중단시킬 수 있는 방법도 동시에 규정하고 있습니다. 법은 자신의 권리를 행사하지 않는 사람을 보호하지 않을 뿐이지, 권리를 행사하려는 사람에게는 관대합니다.

우선 압류·가압류·가처분, 소송, 지급명령신청을 하면 소멸시효가 중단됩니다. 또 고용주가 "지급해야 하는 밀린 월급과 퇴직금이 있다"라고 채무를 인정하면 그 시점에 소멸시효가 중단됩니다(물론 고용주가 월급 지급을 밀렸다는 점이 객관적으로 보이는 녹음이나 문자 등이 있어야겠죠). 따라서 회사가 임금이나 퇴직금을 주지 않고 시간만 보내고 있다면, 반드시 소멸시효를 중단시킬 수 있는 행동을 취해야 '호구'가 되지 않을 것입니다.

아르바이트생도
퇴직금을 받을 수 있을까?

•

1년 넘게 일한 근로자는 당연히 퇴직금을 받을 수 있는데, 그럼 아르바이트생도 퇴직금을 받을 수 있을까요? 일부 악덕 고용주는 "아르바이트생은 퇴직금이 없다"라며 손사래를 치지만, 그것은 사실이 아닙니다.

구인구직 전문회사 알바천국이 퇴직금 수령 자격 요건을 갖춘 아르바이트생을 대상으로 실시한 퇴직금 관련 설문조사 결과를 보면 참 안타깝습니다. 약 2천 명을 조사했는데, 아르바이트생 10명 중 7명은 퇴직금을 받지 못한 것으로 나타났습니다. '퇴직금을 받을 수 있는지 전혀 모름'이라는 응답이 무려 49.9%였습니다. 퇴직금 관련 규정은 정규직이든 기간제·시간제 노동자든 똑같이 적용됩니다. 퇴직금은 '1년 이상 한 사업장에서 주 15시간 이상 계속 근로한 모든 근로자'에게 지급됩니다. 이 규정은 5인 미만의 영세 사업장에도 그대로 적용됩니다.

다만 아르바이트의 경우 퇴직금과 관련해 몇 가지 조건을 따져봐야 합니다. 먼저 아르바이트생은 1년간 계속 근로하기가 쉽지 않습니다. 고용주의 동의를 받고 여행을 가는 등 비교적 단기간 쉰 경우라면 근로 단절로 여겨지지 않지만, 그 여행 기간은 퇴직금 산정 기간에 합산되지 않을 수 있습니다. 만일 고용주의 동의 없이 일방적으로 근로를 하지 않은 기간이 있다면 '1년 이상' 계속 근로해야 한다는 조건을 만족하지 못합니다. 따라서 아르바이트생인데 1주 이상 자리를 비워야 한다면 혹시 모를 꼼수를 피하기 위해 고용주의 동의를 문자로 받아놓을 필요가 있습니다.

또 퇴직금을 받으려면 주 15시간 이상 근로해야 합니다. 모 프랜차이즈 카페 회사는 주 15시간 미만(월 60시간 미만)으로 근로계약을 맺는 게 관행이라고 알려져 있습니다. 예를 들어 아르바이트생이 하루 4시간씩 1주일에 3일만 근로하도록 해 퇴직금 발생을 미연에 방지하는 것이죠. 이러한 계약 조건의 일자리는 1년 넘게 일하더라도 주 15시간 이상이라는 조건을 충족하지 못하므로 퇴직금을 받을 수 없습니다. 퇴직금을 고려한다면 피해야 하는 회사입니다.

⚖️ 법률상식 핵심 포인트

① 퇴직금은 근로관계가 종료되어야만 발생한다.
② 퇴직금 제도는 강행규정이기 때문에 회사나 사용자가 임의로 배제할 수 없다.
③ 회사가 임금이나 퇴직금을 주지 않고 시간만 보내고 있다면, 소멸시효를 중단시킬 수 있는 행동을 취하면 된다.

사장이라고
막 해고할 수 없다

사회초년생인 I씨는 최선을 다해 업무를 처리하던 중 중대한 실수를 저지릅니다. 발주 품목을 산정하다 그만 숫자를 잘못 기입하는 실수를 저지르고 만 것입니다. 이로 인해 회사에 당장 큰 손해가 발생하지는 않았지만, 업계에 '잔실수가 많은 회사'라는 나쁜 소문이 돌아 매출이 줄어들게 되었습니다. 결국 회사는 예고도 없이 사내 게시판에 I씨를 해고한다는 내용이 적힌 공고문을 게시합니다.

해고란 근로자의 의사와 상관없이 회사의 일방적인 통지로 근로관계가 종료되는 것을 의미합니다. 그런데 근로자가 해고되면 근로자뿐만 아니라 가족까지 영향을 받습니다. 다음 달에 낼 월세와 공과금, 학원비 등 근로자는 저마다 생계 계획을 가지고 있는데, 해고되면 일정에 따라 지불해야 하는 돈의 흐름이 방해받을 수 있습니다. 이런 이유로「근로기준법」제23조에서는 회사가 무턱대고 해고할 수 없다고 규정합니다.

정당한 사유가 없다면
부당해고다

•

「근로기준법」제23조에는 '사용자는 근로자에게 정당한 이유 없이 해고, 휴직, 정직, 전직, 감봉, 그 밖의 징벌(懲罰)을 하지 못한다'고 나와 있습니다. 한마디로 사용자는 근로자를 정당한 이유 없이 해고하지 못한다는 뜻입니다. 이를 위반하면 그 해고는 부당해고에 해당되어 무효가 됩니다. 회사가 근로자를 해고하려면 반드시 회사와 근로자 간의 동의가 된 취업규칙 또는 단체협약에서 정한 정당한 사유와 절차에 따라야 합니다.

예를 들어 회사가 근로자를 해고할 때 본인의 의견을 꼭 들어야 하는 규정이 있거나, 노조와 협의해야 한다는 식의 해고 절차가 있다면 당연히 절차를 밟아야 합니다. 회사가 이를 지키지 않았다면 그 자체로 부당해고가 되어 근로자는 다시 복직할 수 있습니다. 물론 해고된 이후에 받지 못한 월급도 다 받을 수 있죠.

'정당한 사유'란 사회 통념상 근로관계의 존속이 불가능한 경우를 뜻합니다. 예를 들면 다음과 같습니다.

1. 근로자의 부상, 장애 등으로 근로능력이 상실되었을 때(업무상의 사고인 경우에는 산재요양 기간 내에는 해고가 안 됨)
2. 업무에 필요한 자격을 상실했을 때
3. 취업규칙, 근로계약에 의해 퇴직 사유가 발생했을 때
4. 근로자의 고의, 중과실로 사업에 손해를 입혔을 때
5. 무단결근을 반복하는 등 불성실한 근무 태도를 보일 때
6. 업무상 지시 위반이 있을 때

1번부터 3번까지는 보통 근로자의 일신상 사유 등을 이유로 한 '일반해고'라고 부르며, 4번부터 6번까지는 '징계해고'라

고 부릅니다. 이 밖에 경영난으로 회사의 존립이 위태로울 때 이를 극복하기 위한 '정리해고'가 있습니다.

해고가 정당하려면 시기도 적절해야 하고 관련된 절차도 지켜져야 합니다. I씨의 경우 회사가 직접 해고 통보를 한 것이 아니라 공고문을 통해 간접적으로 알렸습니다. I씨는 나중에서야 그 사실을 알게 된 것이죠. 이러한 회사의 행위는 해고 사유를 서면으로 통지해야 한다는 「근로기준법」을 위반한 것입니다. 따라서 I씨는 회사를 상대로 해고의 효력을 충분히 다툴 수 있습니다.

회사가 근로자를 해고하려면 해고 사유와 해고 시기를 반드시 서면으로 통지해야 합니다. 서면으로 통지하지 않은 해고는 「근로기준법」 제27조 제2항에 의해 절차적 정당성을 갖추지 않아 효력이 없습니다. 그런데 일부 회사는 게시판 공고로 해고가 어렵다는 법원의 태도를 알게 된 이후 이메일이나 휴대폰 문자 등으로 해고 통지를 하기도 합니다. 물론 이 역시 서면으로 해고를 통지한 경우가 아니므로 무효입니다.

더 나아가 해고는 내용상으로도 정당해야 합니다. 해고를 위한 정당한 이유란 근로자에게 책임이 있는 경우를 의미합니다. 그리고 이 사실에 대한 증명은 당연히 회사가 해야 하죠. 이

때문에 취업규칙에 해고 사유로 규정되어 있다 해도 그 사유가
반드시 정당한 해고 사유가 되는 것은 아닙니다.

해고가 금지되는
경우도 있다

•

근로자의 생계 보장을 위해 특별한 상황에는 해고 자체가 금지
되기도 합니다. 근로자가 해고를 하면 안 되는 특수한 상황에
처해 있음에도 회사가 해고를 강행한다면, 항의하거나 소송을
제기해 무효로 만들 수 있습니다. 대표적으로 근로자가 업무상
부상을 당하거나, 업무상 질병으로 요양 기간 중에 있다면 회
사는 그것을 이유로 근로자를 해고해서는 안 됩니다. 특히 출
산 전과 출산 후 휴가 기간, 육아휴직 기간에 여성 근로자를 해
고할 경우 회사는 법적 처벌 외에도 도덕적인 비난까지 감수해
야 합니다.

이 밖에 회사의 어두운 면을 폭로해 좀 더 좋은 회사로 만들
려고 노력한 내부고발자 역시 해고해서는 안 됩니다. 또 공익
을 위해 회사의 법령 위반 사실을 신고했다고 해도 해고해서는

안 됩니다. 다행히 내부고발자는 법에 의해 보호를 받을 수 있습니다. 노동조합의 가입 및 활동, 부당노동행위 신고 여부, 성별 등을 이유로 해고해서도 안 됩니다.

부당해고를 당했다면
참지 말고 대처하자

•

만약 부당해고를 당했다면 법원에 소송을 내기 전에 먼저 지방노동위원회에 부당해고 구제신청을 하는 것이 좋습니다. 해고된 날부터 3개월 이내에 신청해야 하는데, 구제신청서를 접수하면 노동위원회는 조사관을 배정해 해고의 정당성 여부를 판단하게 됩니다. 노동위원회에서 해고가 정당하다고 판단할 경우 행정법원에 행정소송을 제기하는 방법이 있습니다. 동시에 법원에 해고 무효 확인의 소도 제기할 수 있습니다. 부당해고를 당했다면 반드시 적극적으로 자신의 권리를 찾아야 합니다.

I씨의 경우 회사의 해고 결정을 다투어볼 여지가 있습니다. 부당해고로 판명되면 일을 하지 못했던 해고 기간 동안의 임금도 청구할 수 있죠. 또 최근에는 부당해고 여부를 놓고 회사와

노동위원회 부당해고 구제 절차 ─────────────

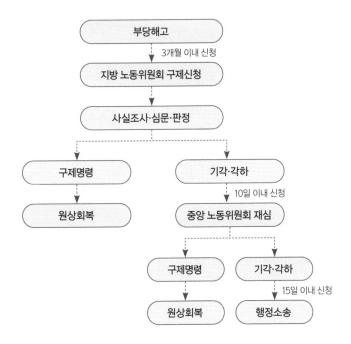

소송을 벌이던 도중 근로자가 정년에 이르거나 근로계약 기간이 만료되어 복직이 불가능해져도, 법원은 소송을 각하하지 말고 부당해고 여부를 판단해야 한다는 대법원 전원합의체 판결도 나왔습니다.

부당해고는 명백한 불법행위입니다. 법의 힘을 믿고. 참지 말고 당당하게 대처하기 바랍니다.

허변의 놓치면 호구 되는 최소한의 법률상식

법률상식 핵심 포인트

① 해고 시 정당한 사유가 없으면 부당해고다.

② 근로자의 생계 보장을 위해 해고 자체가 금지되기도 한다.

③ 부당해고를 당했다면 우선 지방 노동위원회에 부당해고 구제신청을 하고, 이후 행정소송을 제기하는 방법이 있다.

성추행과 괴롭힘, 이제 참지 말자

밀린 업무로 야근을 하던 J씨는 잠시 쉬기 위해 회사 휴게실을 찾았습니다. 소파에 기대 쪽잠을 자고 있는데 갑자기 누군가 자신의 다리를 더듬는 것이 느껴졌습니다. J씨는 반사적으로 옆을 쳐다봤고, 타 부서의 부장이 당황하며 딴청을 부리는 모습을 목격했습니다. 화가 난 J씨는 회사에 성추행 신고를 했지만, 회사는 오히려 J씨가 거짓말로 무고한 사람을 신고했다며 적반하장격 태도를 보였습니다. 더 나아가 직장동료들도 되레 J씨에게 문제가 있다며 노골적으로 그녀를 괴롭히기 시작했습니다. J씨는 어떻게 대처해야 할까요?

성추행은 버스나 지하철과 같은 공공장소, 직장 등 장소를 가리지 않고 발생합니다. 성추행 사건이 일어나면 보통 10건 중 9건은 가해자가 발뺌을 하는데요. "나는 그런 사실이 없다" "움직이다가 실수로 닿았다"라는 식의 주장을 하는 것이 보통입니다. 하지만 성추행은 가해자가 반드시 성적인 욕구로 가득 찬 상황에서만 인정되는 게 아닙니다.

성추행은 가해자의 시각이 아닌 제3자의 시각에서 볼 때, 그러니까 객관적으로 성적수치심이나 혐오감을 일으키게 하는 행위가 있었을 때 인정됩니다. 가해자가 어떠한 의도를 지녔는지, 왜 그랬는지는 전혀 상관이 없습니다. 가해자의 구구절한 변명과는 별개로 일단 피해자가 성적수치심을 느꼈고, 그 행위가 누가 봐도 성추행으로 인정할 정도면 됩니다. 물론 이때 가해자의 성별과 연령, 행위자와 피해자의 관계, 구체적인 행위 등이 종합적으로 고려됩니다.

직장 내 성희롱의 경우 직장 내 지위를 이용했는지, 업무와 관련성이 있는지가 주로 검토됩니다. 업무 관련성이 있다면 근무시간 외나 회식, 야유회, 출장 등에서도 직장 내 성희롱이 성립합니다.

성적수치심에 대한 사회적인 규제는 점점 더 넓어지고 있습니다. 2024년 3월 서울시의회는 버스 안에서 음란물을 시청하는 행위를 성적수치심을 일으킬 수 있는 행위로 규정하는 내용의 조례안을 통과시킨 바 있습니다.

성추행의 핵심은
목격자 확보

•

일단 가해자를 처벌하기 위해서는 명백한 증거가 있어야 합니다. 성추행 상황을 그대로 보여주는 CCTV 동영상이나 가해자의 발언이 적혀 있는 문자 등이 유죄를 증명하는 증거가 될 수 있습니다. 특히 반복적인 성추행이 아니라면 목격자 확보가 핵심입니다. 상황을 목격한 사람의 진술은 범죄를 증명하는 핵심적 증거가 됩니다.

그렇다면 J씨는 어떻게 대처해야 할까요? 회사에 성추행 관련 사실을 알렸지만 제대로 도움을 받지 못했다면 고용노동부에 신고하는 것이 좋습니다. 이후에도 문제가 제대로 해결되지 않는다면 법원에 성범죄를 이유로 한 민사·형사소송을 제기하면 됩니다. 형사고소의 경우 성추행 사실을 적은 고소장에 증거를 붙여 경찰이나 검찰에 제출하면 되고, 조사 후 일정한 혐의가 있는 것 같으면 재판이 시작됩니다.

고소는 피해를 당한 본인만 할 수 있습니다. 피해자의 가족과 친구는 고발만 가능하지 고소까지는 불가능합니다. 그러나 대중교통 수단인 지하철 등에서 발생한 성추행은 피해자의 고소 없이도 수사가 가능합니다. 고소 진행 시 명심해야 할 부분은 가능한 한 증거를 최대한 모은 다음에 진행해야 한다는 점입니다. 명확한 증거가 없다면 다른 이를 부당하게 형사처벌받게 하려 했다는 무고죄로 오히려 처벌을 받을 수 있습니다.

사소한 접촉도
성추행이 될 수 있다

•

아무리 친하고 아무리 좋은 마음이라고 해도 상대방의 머리를 쓰다듬거나 볼을 잡아당기는 행위는 형사처벌로 이어질 수 있습니다. 2014년에 실제로 한 여성의 볼을 잡아당긴 남성은 강제추행죄로 벌금 1천만 원을 선고받았습니다. 이 남성은 여성과 서로 친분이 있었는데, 종이학을 접고 있는 모습이 너무 귀여워 볼을 살짝 꼬집었다고 합니다. 하지만 아무리 사소한 접촉이라고 해도 상대방의 허락 없이 손을 댄다면 성추행이 될 수 있습니다. 성적인 욕구 없이 좋은 마음에서 그랬다고 해도 잘못은 잘못이니까요.

강제추행죄는 '폭행 또는 협박으로 사람을 성적으로 추행'해야 성립됩니다. 그런데 여기서 폭행 또는 협박이라는 것은 우리가 흔히 생각하는 폭행 또는 협박보다 약한 수준에서도 성립합니다. 즉 상대방의 의사가 완전하게 억압되는 상황 혹은 반항이 불가능한 상황이 아니라, 실제로 가해자가 힘을 행사하지 않아도 피해자가 자유롭지 않은 상황이라면 폭행 및 협박이 인정됩니다. 따라서 머리를 쓰다듬거나 볼을 살짝 꼬집는 행위도 얼마든지 강제추행이 될 수 있습니다.

"신체에서 민감한 부위를 만지면 당연히 성추행이지만, 머리나 볼 정도는 괜찮지 않나요?"라고 반문할 수 있습니다. 하지만 어떤 신체 부위라도 허락 없이 접촉한다면 강제추행이 될 수 있습니다. 실제로 대법원은 직장 상사가 등 뒤에서 피해자

허변의 놓치면 호구 되는 최소한의 법률상식

의 의사에 반해 어깨를 주무른 행위도 강제추행이라고 판단했습니다.

과거 법원은 피해자를 가볍게 접촉한 남성에 대해 1심에서 "성적수치심을 느낄 정도의 행동이라고 보기는 힘들다"라며 추행이 성립되지 않는다고 판단한 적이 있습니다. 그러나 항소심 법원은 "얼굴을 만질 당시에 성적 발언을 하지 않았다고 해도 피해자의 성적 자유를 침해하는 행위에 해당한다"라고 판단했습니다. 즉 신체적으로 민감한 부위가 아니어도 행위 자체가 성적인 수치심을 불러일으킬 수 있다고 본 것이죠.

일관된 진술이
중요하다

●

통상 성범죄 사건은 명확한 증거가 없는 경우가 많습니다. 은밀하게 일어나다 보니 피해자 입장에서는 증거를 확보할 길이 없어 문제를 제기하기가 쉽지 않습니다. 직장 내 성추행 피해자인 J씨도 따로 증거를 가지고 있지는 않은 상황입니다. 이렇게 증거가 없을 경우 검찰은 피해자의 진술과 당시 상황을 재판부에 제시해 가해자의 범죄를 증명하려 합니다. 이때 피해자 진술의 일관성 여부가 가장 중요한 판단 근거가 됩니다.

여기서 '일관성'이란 처음부터 끝까지 하나의 흐름이 이어지는 개념이라고 생각하면 됩니다. 피해자의 진술에 일관성이 있는 동시에 앞뒤가 모순되지 않는다면 법원은 "피해자의 진술을 진실로 믿을 수 있다"라고 평가합니다. 일관된 진술이 진술의 신빙성을 결정하는 것입니다. 따라서 피해자의 진술이 앞뒤가 안 맞거나 오락가락하면, 즉 일관성이 없으면 신빙성이 없는 것으로 여겨집니다.

그런데 성범죄는 보통 강제적이고 폭력적인 상황에 벌어집니다. 피해자가 경황이 없을 수도 있고, 그렇게 당황스러운 상황이라면 기억이 정확하지 않을 수도 있습니다. 당연히 진술의 앞뒤가 안 맞을 수도 있죠. 그래서 최근 대법원은 '성인지 감수성'이라는 새로운 개념을 제시했습니다. 대법원은 "피해자의 진술이 일관되지 않더라도 당시의 특별한 사정을 고려해 진술의 신빙성을 판단해야 한다"라고 설명했습니다.

예를 들어 성범죄가 발생하고 난 후 진술이 일관되지 않고, 피해자가 평온하게 일상적인 생활을 했다면 기존 법원은 "피해자가 평온하게 생활하고 있으므로 성범죄가 발생했다는 사실을 인정하기 어렵다"라고 판단했습니다. 즉 범죄를 당하면 당연히 피해자처럼 행동해야 하는데 그러지 않았기 때문에 피해자로 보기 어렵다는 것이죠. 그러나 이제 대법원은 "피해자의 대처 양상은 피해자의 성격이나 가해자와의 관계에 따라 구체적으로 다르게 나타날 수밖에 없다"라고 판단하기 시작했습니다. 피해자가 평범하게 생활했다는 점이 성범죄가 일어나지 않았다는 증거가 될 수는 없겠죠. 성추행을 당한 J씨가 정상적으로 출근한다고 해서 피해 사실이 사라지는 것은 아니니까요.

직장 내 괴롭힘에는
단호하게 대처하자

•

J씨는 결국 자신을 성추행한 타 부서의 부장을 고소했습니다. 가해자가 처벌되었으니 이제 직장 내 괴롭힘도 사라지는 걸까요? 안타깝게도 J씨는 동료들에게 "무고하게 부장이 당했다" "괜히 일을 키웠다" 등의 소리를 들으며 계획적인 따돌림을 당합니다. 이제 그녀는 어떻게 대처해야 할까요?

J씨와 같은 사례는 주변에서 흔히 볼 수 있습니다. 이를 방

지하고자 2019년 7월 16일부터 직장 내 괴롭힘을 금지하는 개정된 「근로기준법」이 시행되었습니다. 직장 내 갑질을 제재할 수 있는 법적 근거가 비로소 마련된 것입니다. 그 덕분에 은밀하게 이뤄지는 직장 내 괴롭힘에 대해 어느 정도 처벌이 가능해졌습니다.

먼저 험한 말과 괴롭히기 위한 지시에 대해서도 신고가 가능해졌습니다. 법안에 따르면 직장에서 가해자가 상대적으로 우월한 지위 또는 관계를 이용해 신체적·정신적 고통을 주거나, 근무 환경을 악화시키는 행위를 한다면 직장 내 괴롭힘으로 신고할 수 있습니다. 사장 혹은 고용주는 직장 내에서 이와 같은 괴롭힘이 발생한 사실을 신고 등을 통해 알게 되면 즉시 실제로 그러한 일이 발생했는지 조사해야 합니다. 이때 반드시 피해자와 가해자의 근무 장소를 달리하는 등 근무처를 분리해야 하고, 필요하다면 피해자에게 휴가를 제공하는 식으로 2차 가해를 막아야 합니다.

직장 내 괴롭힘이 발생했다면 사장은 가해자와 피해자의 근무지를 변경하고, 인사위원회 회부 및 징계 등의 조치를 취해야 합니다. 고용주가 이러한 조치를 취하지 않거나, 피해자에 대한 2차 가해가 발생하거나, 피해자가 불합리하게 징계를

직장 내 괴롭힘 관련 처벌 수준

구분	처벌
고용주 또는 고용주의 친족인 근로자가 직장 내 괴롭힘을 할 경우	1천만 원 이하 과태료
직장 내 괴롭힘 발생 사실을 알게 되었으나 객관적으로 조사하지 않은 경우	500만 원 이하의 과태료
피해자의 근무장소 변경 등을 하지 않은 경우	500만 원 이하의 과태료
가해자에 대한 징계 등 적절한 조치를 하지 않은 경우	500만 원 이하의 과태료
피해자에 대해 해고 등 불이익한 처우를 한 경우	3년 이하의 징역 또는 3천만 원 이하의 벌금

받거나 해고되는 상황이 벌어지면 어떻게 될까요? 해당 고용주는 법에 따라 3년 이하의 징역 또는 3천만 원 이하의 벌금을 받을 수 있습니다. 따라서 J씨는 법을 믿고 고용주에게 이러한 조치를 당당하게 요구해야 하며, 고용주는 적극적으로 2차 가해를 예방해야 합니다.

만약 고용주가 적절한 조치를 취하지 않는다면, 회사가 위치한 곳의 지방고용노동관서에 진정을 제기할 수 있습니다. 다만 충분한 증거가 없다면 오히려 무고의 의도를 의심받는 등

곤란한 상황에 처할 수 있기 때문에 먼저 고용노동부 상담센터에 신고 방법과 증거 수집 여부 등을 문의하는 것이 좋습니다.

한편 직장 내 괴롭힘의 범위는 생각보다 넓습니다. 모든 사람이 꺼리는 업무를 반복적으로 시키는 일이나 반대로 일을 주지 않는 상황도 직장 내 괴롭힘이 될 수 있습니다. 의사와 상관없는 회식 강요, 마라톤 참석 요구 등도 직장 내 괴롭힘에 해당할 수도 있습니다. 옥수수나 고구마 껍질 까는 행위를 반복적으로 시키는 경우도 마찬가지입니다.

📖 법률상식 핵심 포인트

① 상대가 동의하지 않았다면 사소한 접촉도 성추행이 될 수 있다.
② 직장 내 성추행을 당했다면 우선 고용노동부에 신고하고, 이후 민형사상 소송을 고려한다.
③ 직장 내 괴롭힘이 발생했다면 사장은 가해자와 피해자의 근무지를 변경하고, 인사위원회 회부 및 징계 등의 조치를 취해야 한다.

허변의 놓치면 호구 되는 최소한의 법률상식

어떤 변호사가
좋은 변호사인가요?

살면서 평생 운 좋게 억울한 일이나 다툼을 겪지 않으면 참 좋
겠지만, 안타깝게도 때때로 법의 도움이 필요한 경우가 생깁니
다. 그럴 때는 소송을 통해 잘잘못을 따져야 될 수도 있습니다.
다만 법적 분쟁이 발생했다고 해서 무조건 변호사에게 달려갈
필요는 없습니다. 왜 법적 분쟁이 일어났고, 상대방이 원하는
것이 무엇인지를 가장 잘 아는 사람은 바로 당사자인 여러분이
기 때문입니다. 변호사는 그저 그 과정을 도와주는 사람이므로

수임료를 들여 반드시 선임해야 하는 것은 아닙니다.

예를 들어 상대방이 빌려준 돈을 갚지 않고 버틴다면 돈을 갚으라는 소송을 해야 합니다. 자신이 언제 돈을 빌려줬고, 그 돈을 아직 못 받았다는 것을 증명할 수 있는 자료만 있으면 됩니다. 그런 자료가 없다면 변호사를 선임해도 별 소용이 없습니다. 변호사는 증거를 인위적으로 만들어내는 사람이 아니라 증거를 가지고 법적 분쟁 과정을 도와주는 사람이기 때문입니다.

간단한 법적 분쟁은 증거가 될 자료만 있다면 혼자서도 충분히 처리할 수 있습니다. 하지만 규모가 크고 복잡한 갈등을 겪고 있다면 해당 문제를 원활하게 처리해줄 변호사를 찾는 것이 좋습니다. 그렇다면 어떤 변호사가 좋은 변호사일까요? 다음의 5가지 요건을 갖췄다면 최고의 변호사라고 볼 수 있습니다.

1. 성실과 투지가 최고의 요건

변호사를 선임할 때 첫 번째로 고려해야 할 사항은 '성실함'입니다. 변호사와 직접 만나서 상담을 해보면 대략적으로 성실한지 아닌지 느낄 수 있습니다. 하나라도 더 알려주려는 변호사가 있고, 어떻게든 상담을 빨리 끝내려는 변호사가 있으니까요. 둘 중 누가 더 성실한 변호사인지는 두말할 필요도 없겠죠.

특히 전관 변호사, 즉 예전에 검찰이나 법원에서 고위직으로 일한 변호사라면 주의 깊게 살펴야 합니다. 지나치게 사건을 많이 수임해 도대체 어떤 사건이 어떻게 굴러가는지 모를 수도 있기 때문입니다. 전관 변호사를 선임할 때는 최소한 사무실에 한두 번 정도는 방문해서 얼마나 바쁜지를 확인해야 합니다. 해당 변호사와 만나는 것조차 힘들 정도로 바쁘다면 성실함과 별개로 사건에 신경을 써주지 못할 수도 있습니다.

성실하다고 판단되면 그다음에는 '투지'를 봐야 합니다. 투지란 싸우고자 하는 굳센 마음을 의미합니다. 불리한 상황에 처해도 포기하지 않고 부딪치다 보면 길이 보일 때가 있죠. 절대로 이길 수 없을 것이라고 생각했던 사건이 변호사 한 사람의 투지로 2심에서 정반대의 결론을 이끌어내는 경우도 있습니다. 당연한 이야기지만 의뢰인을 위해 포기하지 않고 싸우겠다는 마음을 가진 변호사가 좋은 변호사입니다.

조심해야 할 점은 까칠함과 투지는 다르다는 것입니다. 일부 변호사는 자신의 까칠함을 투지로 포장하는 경우가 있는데, 사람에게 까칠한 만큼 사건을 대하는 태도도 까칠할 수 있습니다. 사건을 의뢰하는 여러분은 어디까지나 고객입니다. 고객인

허변의 놓치면 호구 되는 최소한의 법률상식

여러분에게 까칠하고 예의 없게 구는 변호사는 사건도 예의 없게 처리할 수 있습니다.

2. 승소를 확신하는 변호사

재판은 생물과 같습니다. 시작할 때는 무리 없이 이길 수 있다고 생각했는데 재판 중에 예상하지 못한 증거가 튀어나와 지는 경우도 있고, 진다고 생각했는데 상대방이 엉뚱한 증거를 내놓아서 이기는 경우도 있습니다. 순간순간 급변하는 상황을 파악하는 것은 변호사의 몫이며, 승소와 패소를 동시에 고려하는 변호사만이 그 상황에 적절하게 대응할 수 있죠.

그래서 무턱대고 승소를 장담하는 변호사도 위험합니다. 지금 이 시간에도 전국 법원에서 생성되고 있는 수많은 하급심 판례들을 보면, 승소를 장담할 수 있는 사건이 많지 않다는 것을 알 수 있습니다. 한 치 앞을 내다보기 어려운 법적 분쟁 상황을 너무 가볍게 여기는 변호사도 피해야 하는 것입니다.

물론 힘든 상황에 처해 있는 의뢰인의 입장에선 변호사에게 "이길 수 있습니다"라는 말을 듣고 싶은 게 당연합니다. 그러나 의뢰인의 간절한 마음을 이용해 승소를 확신하는 달콤한 말로 수임을 하는 변호사도 있습니다. 의뢰인은 변호사의 말만 믿고는 마음 놓고 집에 돌아가지만, 얼마 지나지 않아 패소 판결문을 받아 들게 될지도 모릅니다. 승소를 확신했던 변호사는 이런저런 핑계를 대며 다시 "2심은 반드시 이길 수 있다" 하고 장담하겠죠.

다시 한번 강조하지만 승소를 확신하는 변호사보다 승소를 확신하지 않는 양심적인 변호사가 좋은 변호사입니다.

3. 전문 영역을 가진 변호사

특정 영역에 대한 전문적인 지식을 가지고 있는 변호사를 선임하는 것이 좋습니다. 그렇다면 어떤 변호사가 전문적인 지식을 가지고 있는 변호사일까요? 일일이 모든 변호사들의 이력을 다 확인할 수는 없으나 관련 분야에 대한 승소 사례를 가지고 있거나, 그 분야에 대한 논문이나 칼럼 등을 쓰는 사람, 관련 책을 내는 사람도 전문가라고 볼 수 있습니다. 바쁜 시간을 쪼개서 논문과 칼럼, 책을 쓰는 변호사는 일단 성실함도 갖췄을 가능성이 큽니다. 그 성실성이 결실을 맺어 전문가적 식견이 만들어질 수 있는 것이죠.

다만 요즘에는 많은 돈을 주고 마케팅 업체를 고용해 블로그, 유튜브 등을 통해 특정 영역에 대한 전문 변호사인 것처럼 자신을 꾸미는 변호사가 많습니다. 이 때문에 SNS를 통해 변호사를 접할 경우 주의가 필요합니다.

변호사가 속한 법무법인이나 법률사무소가 어떠한 분야에 강한지 확인하는 것도 좋은 방법입니다. 부동산 소송을 전문으로 하는 법무법인에 속해 있다면 그 분야에 대한 전문 지식이 많을 가능성이 높고, 형사소송을 전문으로 하는 법률사무소에 속해 있다면 형사법에 정통한 변호사일 수 있습니다. 진짜 '전문 변호사'를 구별하지 못할 경우 호구 잡힐 수밖에 없습니다.

4. 상대방의 시각에서 사건을 바라보는 변호사

의뢰인이 변호사에게 기대하는 소양 중 하나는 자신을 절대적으로 지지해주는 태도입니다. 물론 변호사는 의뢰인의 말을 100% 신뢰해야 하지만, 의뢰인을 무조건 신뢰하는 것과 무조건 지지하는 것은 조금 다릅니다. 의뢰인과 변호사는 결국 승소를 위해 뭉친 파트너입니다. 변호사가 의뢰인을 무조건 지지하기만 한다면 소송은 나락으로 떨어질 수 있습니다.

변호사들은 항상 "어떻게 상대방을 공격할까?"를 생각하다가도, 어느 정도 공격 방법이 정리되면 "상대방의 공격을 어떻게 방어할까?"로 넘어갑니다. 상대방에 대한 공격은 가지고 있는 증거와 앞으로 확보할 증거를 통해 어느 정도 예상할 수 있습니다. 그러나 상대방이 어떤 전략으로 어떻게 공격해올지는 대략적인 판단만 가능합니다. 따라서 변호사는 업무 시간의 상당 부분을 상대방의 공격을 예상하고 대비책을 세우는 데 씁니다. 그러다 보면 상대방의 시각에서 사건을 바라보는 것이 필수적인데요. 만일 변호사가 의뢰인을 무조건 지지한다면 상대방의 시각에서 사건을 바라보기 어려워져 승소할 확률이 줄어듭니다.

5. 사무장과 브로커를 멀리하는 변호사

사무실을 방문했는데 변호사가 아닌 사무장(법률사무소의 사무직원)이 상담을 하거나, 사건 이야기보다 자신의 연고와 지연 등을 내세운다면 좋지 않은 변호사일 가능성이 높습니다. 특히 착수금을 받지 않는 대신 성공보수만 받겠다며 선임을 권유하는 법률사무소는 소위 '먹튀' 사무소일 가능성도 높습니다. 사건 처리는 제대로 하지 않으면서 운이 좋아 결과가 괜찮으면 성공보수를 받겠다는 심보인 것이죠.

또한 자신이 높은 위치에 있는 누구누구와 잘 아는 사이라며 "구속을 면하게 해주겠다"라는 식으로 접근하는 사람도 피해야 합니다. 궁박한 의뢰인의 처지를 노린 브로커일 수 있기 때문입니다. 일단 브로커의 꾐에 빠지면 헤어 나오기가 어렵습니다. 처음에는 소액을 요구하다가 점점 큰돈을 요구하는데, "담당 검사에게 로비를 해야 한다" "담당 판사의 결혼기념일이니 선물을 해야 한다" 등 다양한 이유로 돈을 요구합니다. 이는 당연히 거짓말이고 불법입니다. 그러나 지금 이 순간에도 브로커의 거짓말에 속아 돈을 날리는 사람들이 있습니다. 브로커와 사무장을 멀리하는 변호사가 좋은 변호사입니다.

PART 3

내 권리를
지켜주는
법률상식

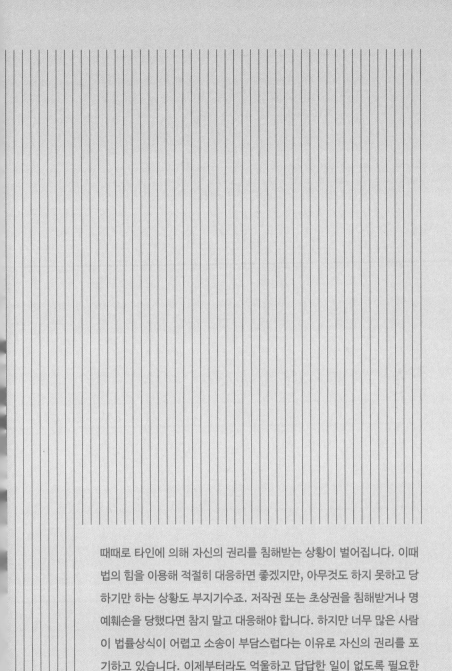

때때로 타인에 의해 자신의 권리를 침해받는 상황이 벌어집니다. 이때 법의 힘을 이용해 적절히 대응하면 좋겠지만, 아무것도 하지 못하고 당하기만 하는 상황도 부지기수죠. 저작권 또는 초상권을 침해받거나 명예훼손을 당했다면 참지 말고 대응해야 합니다. 하지만 너무 많은 사람이 법률상식이 어렵고 소송이 부담스럽다는 이유로 자신의 권리를 포기하고 있습니다. 이제부터라도 억울하고 답답한 일이 없도록 필요한 법률상식을 함께 공부해봅시다.

저작권 침해의
모든 것

일과 유튜브 채널 운영을 병행하고 있는 K씨는 책상에 놓인 고소장을 보고 까무러질 듯이 놀랐습니다. 안 그래도 요새 꿈자리가 뒤숭숭했는데 「저작권법」을 위반했다는 이유로 고소된 것입니다. 고소장을 열어보니 최근에 유튜브에 올린 동영상이 원인이었습니다.

인터넷에는 다양한 콘텐츠가 있습니다. 그리고 그것을 복제하는 것도, 사용하는 것도 참 쉽고 간단합니다. 최근 1인 미디어를 운영하며 매월 수익을 얻는 유튜버와 인터넷 방송인 등이 늘면서 저작권 침해 사례가 급증하고 있습니다. 저작권을 침해한다는 의식 없이 콘텐츠를 만들다 고소당하는 경우가 많아진 것입니다.

유튜브로 인해 급증한
저작권 침해

•

가장 흔한 저작권 침해 사례는 음원 도용입니다. 다른 사람의 음악을 허가 없이 콘텐츠에 썼다면 당연히 저작권 침해에 해당됩니다. 예를 들어 동영상을 촬영하고 있는데 옆에서 지나가던 자동차에서 흘러나온 음악이 함께 녹화되었다면 해당 음악이 안 들리게 편집해야 합니다. 물론 원저작자의 동의를 얻었거나 정당한 비용을 지불했다면 사용이 가능합니다.

최근 유튜브에서 많이 보이는 영화 리뷰도 대표적인 저작권 침해 사례인데요. 이런 콘텐츠를 보면 영화 장면이 대부분을 차지합니다. 물론 동영상에 직접 만든 자막이나 유튜버의 목소리가 삽입되지만 그래도 영화 속 장면이 없다면 콘텐츠 자체가 성립하기 어렵습니다. 따라서 원칙적으로는 저작권 침해에 해당되는 것이죠. 다만 일반적으로 사용한 원저작물의 양이 많지 않고, 원저작물의 가치가 훼손되지 않는다면 공정한 관행에 따른 이용이 인정되어 법에 위배되지 않을 수 있습니다. 더나아가 해당 콘텐츠로 인해 원저작권에 수익이 발생한다면 공정 이용이 인정될 여지가 커집니다. 하지만 제일 좋은 방법은 역시 원저작권자에게 허락을 받는 것입니다.

스포츠 경기 모습을 휴대폰으로 찍어 올려도 당연히 저작권 침해입니다. 국가대표 경기가 아니더라도 프리미어리그 등 해외 경기는 중계료가 천문학적인 수준입니다. 수백억 원을 지급하고 독점 중계를 하는데 누군가 공짜로 동영상을 찍어 올리고, 그 동영상으로 수익을 거둔다면 방송사 측에서 가만히 있지 않겠죠. 그래서 인터넷에 올라와 있는 하이라이트 동영상 등을 자세히 보면 중계권을 갖고 있는 방송사가 제작하거나, 포털사이트에서 중계권을 재구매해 콘텐츠를 만드는 경우가 대부분입니다. 개인이 허가 없이 동영상을 올리면 저작권을 침범한 것이니 형사처벌될 수 있습니다.

예전에 방영된 TV 프로그램을 활용해 콘텐츠를 만들 때도 방송사 등이 가지고 있는 저작권에 주의해야 합니다. 콘텐츠 조회수를 늘리기 위해 다른 제작자가 만든 동영상을 사용했다가 소송을 당한 사례가 많습니다. 무료로 배포한 동영상이 아니라면 사용하지 않는 게 안전합니다.

한때 법무법인에서 저작권 고소 대리가 유행했던 적이 있습니다. 최근에는 일반 이용자들의 저작권 의식 수준이 높아지면서 그러한 고소 행태가 많이 없어졌지만, 아직도 이미지나 폰트를 쉽게 이용할 수 있도록 인터넷에 퍼트린 다음 불법 이용자가 충분히 많아지면 고소하는 수법을 쓰기도 합니다. 저작권 침해 경고 내용을 특별히 고지하지 않고 고소하기 위해 계획적으로 저작물을 배포하면서 인터넷상에 낚싯대를 드리우는 것이죠. 이를 덥석 물지 않도록 늘 조심해야 합니다.

저작권 침해죄는 친고죄입니다. 저작권자가 고소를 해야만 사건이 진행됩니다. 따라서 저작권자와 합의를 본다면 고소가 없었던 것으로 되어 사건이 종결됩니다. 상황을 잘 분석해서 합의를 하는 것도 방법입니다. 합의가 되지 않아서 기소된다면, 저작권 침해 행위가 상업적 이윤 추구가 아니었다는 점을 어필하거나 고의적으로 침해하지 않았다는 점을 설명해야 합니다.

시효도 잘 확인해야 하는데요. 저작권자는 저작권 침해자를 안 날로부터 6개월 이내에 고소해야 합니다. 만약 6개월이 지나서 고소한 것이라면 시효가 지났다고 주장할 수 있습니다.

글의 출처를 표시하면
저작권에 안 걸릴까?

●

만일 「저작권법」에 걸리지 않기 위해 출처를 표시하고 다른 이의 글을 사용하면 어떻게 될까요? 안타깝게도 출처를 표시했다고 하더라도 저작권 침해에 해당합니다. 「저작권법」 제25조에 따르면 다른 이의 글을 보도·교육·연구 등을 위해 사용할 때만 '인용'이 가능하다고 규정하고 있습니다. 인용에 해당하려면 다른 이의 글을 소개한 후 거기에 덧붙여 자신만의 의견을 개진하거나, 다른 이의 글을 평가하는 정도에 이르러야 합니다. 단순히 글을 퍼오고 하단에 출처를 표시하는 것은 「저작권법」을 위반하는 행위입니다.

그렇다면 자동 프로그램을 이용해 다른 인터넷 사이트에서 이미지를 수집한 후 따로 변형해 개인 소유 서버에 활용하는 것도 저작권 침해일까요? 이미지를 변형했다고 하더라도 독립적인 새 저작물이 되지는 않습니다. 원래 이미지를 동의 없이 변형한 것으로 취급되어 저작권자의 복제권 및 전송권을 침해하는 행위가 되는 것입니다.

그럼 학교 과제물로 만든 동영상에 가수의 노래를 자신이 직접 불러 배경으로 썼다면 어떨까요? 「저작권법」에 따르면 학교 수업에 필요한 저작물은 일부 복제나 전송이 가능합니다. 그러나 해당 동영상을 수익을 얻기 위해 유튜브 등에 공유하면 당연히 저작권자의 동의를 받지 않은 상황으로 취급되어 「저작권법」 위반이 될 수 있습니다. 해당 동영상을 유포하기 위해서는 어떤 식으로든 저작권자의 동의가 필요합니다.

언론 기사를 출처를 밝히고 사용했다면 「저작권법」에 걸리지 않을까요. 언론 기사도 일종의 창작물이므로 당연히 「저작권법」의 보호를 받습니다. 동의 없이 사용하면 법 위반인 것이죠. 다만 기사의 극히 일부만을 이용하거나 링크만을 걸어놓는다면 괜찮습니다. 언론 기사에 포함된 사진도 마찬가지입니다. 언론사에게 저작권이 있기 때문에 동의 없이 사용하면 형사처벌을 받을 수 있습니다.

아이디어가 생겼다면
신속하게 등록하자

●

갑자기 기가 막힌 어떤 아이디어가 떠올랐는데 누군가 이를 베끼거나 빼앗아간다면 어떻게 될까요? 실제로 소규모 업체가 아이디어 하나로 시장을 개척해놓으면 대기업이 이를 베껴 자본력으로 시장을 독식하는 일이 자주 발생합니다. 어느 나라에서나 쉽게 볼 수 있는 슬픈 현상이죠. 이를 막기 위해서는 지적재산권 제도를 이용해야 합니다. 지적재산권은 특허, 상표, 디자인, 저작권을 통틀어 가리키는 말입니다. 컴퓨터 소프트웨어부터 시작해 인터넷 도메인, 지리적 위치 정보 등 산업의 발달로 생긴 새로운 형태의 권리도 모두 지적재산권의 범위 안에 포함됩니다.

지적재산권 중 특허권은 성격이 조금 다른데요. 특허권은 산업의 발전을 위한 권리에 해당합니다. 일단 특허권이 등록되면 그때부터 10년 혹은 20년간 해당 기술에 대한 독점권이 생기는데요. 그 대신 독점 기간이 끝나면 다른 회사가 그 기술을 사용할 수 있습니다. 해당 기술을 바탕으로 더 발전한 기술을 쓸 수 있도록 독점을 풀어 전체적인 산업 발전을 도모하는 것이죠. 만약 기존에 없던 장치를 고안했거나 기존의 방법보다 더 효율이 좋은 제조방법을 발견했다면 특허 제도를 활용해 10년 이상의 독점권을 보장받는 것이 좋습니다.

반면 상표나 서비스표, 디자인 제도는 시장 질서를 유지하려는 성격이 있습니다. 후발업체가 기존 업체의 이미지나 명성을 이용해 적은 노력으로 이익을 빼앗아가는 것을 막기 위한 제도죠. 즉 새로운 사업을 하기 위해 상표 등을 만들었다면 반드시 등록해 미연에 빼앗기는 일을 방지해야 합니다.

마지막으로 저작권은 창작 활동을 보호하려는 성격을 가지고 있습니다. 저작권은 앞서 언급한 다른 권리들과 달리 행정기관에 등록하지 않아도 저작물을 완성한 즉시 발생하는 권리입니다. 그러나 이를 증명해야 저작권 침해를 막을 수 있기 때문에 저작권 등록도 필요한 것입니다.

📖 **법률상식 핵심 포인트**

① 다른 이의 저작물을 사용할 때는 「저작권법」 위반에 주의해야 한다.
② 정당한 인용이 아니라면 출처를 표시했다고 하더라도 저작권 침해에 해당한다.
③ 아이디어가 생겼다면 저작권 침해를 방지하기 위해 저작권 등록을 해야 한다.

초상권 침해,
어떻게 대처해야 할까?

최근 모델로 데뷔한 L씨. 친구와 점심을 먹다가 자신의 모습을 무단으로 촬영하는 사람을 발견했습니다. "찍지 마세요"라고 경고했지만, 며칠 후 L씨는 자신의 모습이 인터넷에 올라와 있는 것을 알게 되었습니다.

초상권이란 자신의 모습이 동의 없이 외부에 공표되지 않을 권리를 의미합니다. 초상권은 보통 사진, TV 프로그램 촬영

등으로 문제가 발생하는데, L씨의 사례처럼 당사자의 동의 여부가 분쟁의 소지가 되는 경우가 많습니다. 당연히 동의하지 않은 자신의 사진이 인터넷에 떠돌아다니면 마음이 편할 수가 없겠죠. 실제로 한 유명인은 무단으로 게재된 사진으로 인해 스트레스를 받아 탈모까지 생겼다고 토로한 적이 있습니다.

동의를 받지 않았다면
초상권 침해

•

상대방의 동의를 받지 않으면 원칙적으로 초상권 침해에 해당한다고 봐야 합니다. 그렇다면 동의는 어느 정도까지 받아야 할까요? 동의하는 방법이 법적으로 정해져 있지는 않습니다. 명확하게 문서로 받으면 좋겠지만 구두에 의한 동의, 묵시적 동의 역시 유효합니다. 그러나 구두로 허락을 받았을 때는 나중에 실제로 동의가 있었는지를 놓고 다툼이 발생할 수 있습니다. 이 때문에 구두 동의보다는 서면 동의가 좋고, 서면 동의를 받기 어렵다면 동의하는 발언을 녹음해서 가지고 있는 것이 좋습니다.

동의를 받았다고 해도 동의의 범위를 놓고 법적 분쟁이 발생하기도 합니다. 예전에 한 언론사가 여학생의 동의를 얻어 사진을 사용했는데, 처음 설명과 달리 부정적인 보도에 사진을 활용해 문제가 된 적이 있습니다. 여학생은 사진 삭제를 요청했지만 언론사는 상대가 동의했다는 점을 들어 삭제 요청을 거부했습니다. 결국 이 문제는 소송으로 이어졌고 법원은 여학생의 손을 들어줍니다. 긍정적인 상황에서 사용할 때만 동의했다는 여학생의 의견을 받아들인 것이죠. 따라서 초상권 관련 문제가 발생할 여지가 있다면 사전에 사진이 어느 용도로 사용될 것인지, 어느 범위까지 공개될 것인지를 명확하게 확정 짓는 것이 좋습니다.

공공장소에서
사진이 찍혔다면

●

그럼 공공장소에서 자신의 모습이 동의 없이 촬영되었다면 어떨까요? 일반적인 상황이라면 초상권 침해에 해당하지만 공공장소에서 열린 집회·시위 등에 참석했다면 상황이 약간 달라집니다. 집회·시위에 참여한다는 것은 공공장소에서 자신의 얼굴과 생각을 드러내는 행위에 해당합니다. 따라서 언론사가 공공장소에서 이뤄진 집회·시위 현장을 촬영했는데, 그 사진에 본인의 얼굴이 포함되어 있어도 언론사에 초상권 침해 책임을 물을 수 없습니다. 집회·시위에 참석한 자신의 모습이 언론에 보도된다고 해도 언론(보도)의 자유 및 국민의 알권리 보장에 해당되어 불법이 아닌 것이죠.

그러나 공공장소에서의 집회·시위 사진이라 할지라도 항상 초상권 보호를 받지 못하는 것은 아닙니다. 사진이나 동영상을 게재한 사람이 촬영 대상을 비방하거나 모욕하기 위한 악의적인 목적으로 촬영물을 사용했다면 초상권 침해에 해당될수 있습니다. 또한 촬영물을 사실과 다른 목적으로 왜곡해서사용해도 초상권 침해가 될 수 있습니다.

시위 현장에 어린아이가 있다면 어떻게 될까요? 성인인 부모의 사진은 집회·시위 현장의 특수성으로 인해 초상권에 대한 묵시적 동의가 있다고 보아 초상권 침해로 볼 수 없습니다. 그러나 아이는 다릅니다. 초상권에 대한 묵시적 동의가 있다고 보기 어렵습니다. 아이는 스스로 의사 결정을 내릴 수 없기 때문에 대리인인 부모가 대신 결정을 해줘야 합니다. 아이의 사진을 쓰기 위해서는 반드시 부모의 동의가 필요한데요. 동의를 받지 않았다면 아이의 초상권이 침해된 것입니다.

친구가 함께 찍은 사진을 내려주지 않는다면

•

친구와 함께 찍은 사진이 SNS에 올라왔을 때, 사진에 나온 자신의 모습이 마음에 들지 않으면 내려달라고 요청할 수 있습니다. 그런데 친구가 내려달라는 부탁을 들어주지 않거나, 허락 없이 계속 유포한다면 어떻게 해야 할까요? 이 경우 법원에 정신적 고통을 이유로 손해배상 청구소송을 제기할 수 있습니다.

초상권을 침해당한 사람은 통상적으로 법원으로부터 정신적 고통을 받았다고 인정됩니다. 당사자가 사진을 내려달라는 의사를 밝혔는데 계속 사진을 게재한다면 그것이 바로 정신적 고통을 주는 행위입니다.

그렇다면 SNS에 사용자가 자신의 사진을 남들과 편하게 공유할 수 있도록 해시태그(게시물의 분류와 검색을 용이하도록 만든 메타데이터)를 달아 올렸다면, 이 사진을 동의 없이 가져다 써도 되는 걸까요? 사용자가 사진 밑에 '#'과 특정 단어를 붙여 써서 해시태그를 달아둔 이유는 남들과 쉽게 사진을 공유하기 위해서입니다. 돈을 벌겠다는 목적이 없는 것이죠. 단순 공유라면 초상권 침해라고 보기 어렵습니다. 하지만 누군가 이를 단순 공유가 아닌 영리 목적으로 사용했다면 초상권 침해가 될 수 있습니다. 해시태그로 공유된 사진이어도 동의 없이 함부로 유포하거나 영리 목적으로 활용해서는 안 됩니다.

📖 **법률상식 핵심 포인트**

① 상대방의 모습이 동의 없이 외부에 공표되었다면 초상권 침해에 해당한다.
② 언론사가 공공장소에서 이뤄진 집회·시위 현장에서 사진을 촬영해 보도하는 행위는 면책 대상이다.
③ 당사자가 사진을 내려달라는 부동의 의사를 밝혔는데도 계속 사진을 게재한다면 소송을 제기할 수 있다.

허변의 놓치면 호구 되는 최소한의 법률상식

SECTION 03

인터넷 명예훼손도 처벌이 가능하다

M씨는 SNS에 올린 자신의 사진에 계속해서 악성댓글이 달려 큰 정신적 고통을 받고 있습니다. 신혼여행지에서 찍은 사진을 올렸을 뿐인데 누군가 반복적으로 욕설 댓글을 달고 있기 때문입니다. 처음에는 점잖게 삭제하라고 요청했지만 악성댓글은 지속적으로 늘어나고 있습니다.

정보통신의 발달로 인해 각종 SNS를 통한 사이버 명예훼손

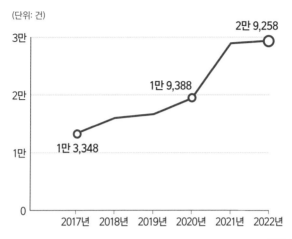

사이버 명예훼손 및 모욕범죄 신고건수

(단위: 건)

- 2017년: 1만 3,348
- 2020년: 1만 9,388
- 2022년: 2만 9,258

자료: 경찰청

및 모욕범죄 행위가 증가하고 있습니다. 경찰청 자료에 따르면 최근 5년 사이 사이버 범죄 신고건수가 2배로 늘어났고, 이러한 추이는 앞으로도 계속될 것으로 보입니다.

사이버 명예훼손 행위에 대처하는 가장 효과적인 방법은 「정보통신망 이용촉진 및 정보보호 등에 관한 법률」(이하 「정보통신망법」) 위반을 이유로 형사고소하는 것입니다. 「정보통신망법」 제70조는 누군가를 비방할 목적으로 정보통신망을 통해 공공연하게 사실을 드러내거나, 거짓의 사실을 드러내 명예를 훼손할 경우 처벌의 대상이 된다고 규정하고 있습니다. 따라서

M씨는 댓글이 「정보통신망법」에 위배되는지 확인한 후, 사이버 명예훼손 행위에 해당된다면 고소할 수 있습니다.

좀 더 자세하게 살펴보면, 보통 허위 사실을 적시하면 '비방할 목적'이 인정됩니다. 또한 인터넷과 SNS는 불특정 다수가 활동한다는 점에서 당연히 '공연성'도 인정됩니다. M씨에게 달린 댓글은 욕설이기 때문에 비방할 목적이 인정되며, 동시에 인터넷이라는 정보통신망에 올렸기 때문에 다른 사람들이 볼 수 있어 공연성이 인정됩니다. 물론 댓글을 단 사람이 공익을 위해 진실한 사실을 언급했거나, 허위 사실이라도 이를 진실로 믿을 만한 이유가 있다고 인정되면 사이버 명예훼손죄의 책임을 면할 수도 있을 것입니다. 그러나 M씨의 사례에서는 특별히 그러한 사정은 보이지 않습니다.

사이버 명예훼손은
신속하게 대처해야 한다

•

정보의 이동 속도가 상당히 느렸던 과거와 달리 현재는 정보통신망을 통해 정보가 빠르게 전파되고 있습니다. 일반적인 명예훼손에 비해 사이버 명예훼손의 전파 속도가 빠른 이유입니다. 따라서 SNS 등에서 허위 게시글 혹은 악성댓글을 봤다면 최대한 신속하게 대처해야 합니다. 해당 게시글이나 댓글의 확산을 막지 못하면 피해가 눈덩이처럼 커질 수 있기 때문입니다. 막연히 '고소했으니 어떻게든 되겠지?'라고 간단하게 생각하면 안 됩니다. 「정보통신망법」 제44조의2에 규정된 '삭제 요구권'을 적극적으로 행사할 필요가 있습니다.

「정보통신망법」 제44조의2 제1호에서는 피해 당사자가 해당 정보를 취급한 정보통신 서비스 제공자에게 침해 사실을 소명하면, 그 정보의 삭제 또는 반박 내용의 게재를 요청할 수 있다고 규정하고 있습니다. 또한 「정보통신망법」 제44조의2 제2호에서는 피해 당사자가 요청한 삭제 등에 따른 요구를 정보통신 서비스 제공자가 지체 없이 따라야 하며, 필요한 조치를 취한 사실을 해당 게시판에 공시하는 등의 방법으로 이용자가 알 수 있게 해야 한다고 명시하고 있습니다. M씨는 이러한 조항을 근거로 삭제 요구권을 행사할 수 있습니다. 즉 M씨는 SNS를 관리하는 관리자 등에게 자신에 대한 허위 정보 댓글을 삭제하라고 요청할 수 있고, 해당 관리자는 즉시 필요한 조치를 취해야 합니다. 형사고소를 진행하는 동시에 일단 빠르게

허변의 놓치면 호구 되는 최소한의 법률상식

삭제 요구를 해 명예훼손적인 게시글이나 악성댓글의 확산을 차단할 필요가 있습니다.

게시글을 옮기기만 해도
처벌 대상이 될 수 있다

•

특정 글을 다른 게시판에 옮기는 행위 역시 만약 본래 글이 명예훼손에 해당한다면 처벌 대상이 됩니다. 다른 사람의 명예를 훼손하는 게시글을 공유하면 형사처벌 및 민사상 손해배상 책임을 질 수 있어 주의해야 합니다. 법원은 "떠도는 소문만 듣고 진위를 확인하지도 않은 채 인터넷을 통해 피해자의 명예를 심각하게 훼손하는 내용을 옮긴 경우 비방의 목적이나 명예훼손의 고의가 있다"라고 판결을 내릴 것입니다.

실제로 '카더라(근거가 부족한데도 사실처럼 전달하거나 의도적으로 퍼트려진 소문)'에 휘둘려 진위를 확인하지 않은 채 게시글을 옮겨 처벌되는 경우가 많습니다. 어떠한 문제에 대한 진위 여부는 개인이 단기간에 함부로 판단할 수 없는 일입니다. 누군가의 명예를 훼손하는 게시글을 우연히 보는 것 자체는 죄가 성립되지 않지만, 진위 여부조차 모른 채 다른 게시판에 옮기는 행위는 범죄가 될 수 있으니 해서는 안 되는 것이죠.

메신저 뒷담화도
처벌 대상이 될 수 있다

•

앞에서 본 것처럼 명예훼손죄가 성립되기 위해서는 공연성이 있어야 합니다. 판례에 따르면 공연성이란 '불특정 다수가 인식 가능한 상태'를 의미합니다. 즉 모르는 사람들 앞에서 누군가의 욕을 한다면 이는 공연성이 충족되는 것이고, 야산에 가서 "임금님 귀는 당나귀 귀!"라고 외치면 공연성이 없는 것이죠.

SNS 중 카카오톡·텔레그램 등의 채팅창은 일반적인 게시판에 비해 은밀한 공간으로 취급됩니다. 그러나 1:1 채팅이라 할지라도 그 내용을 캡처하거나 대화 당사자가 언급함으로써 얼마든지 외부로 흘러나갈 수 있기 때문에 법원은 1:1 채팅도 공연성이 충족될 수 있다는 입장입니다.

그렇다면 카카오톡 대화명을 누군가의 욕으로 바꾼 경우는 어떨까요? 얼마 전 한 남성이 메신저 대화명을 자신을 해고한 사장에 대한 욕으로 변경해 처벌된 적이 있습니다. 법원은 이 남성의 대화명에 대해 공연성이 인정된다며 벌금형을 선고했습니다.

 법률상식 핵심 포인트

① 인터넷상에 올라온 게시글이나 댓글이 「정보통신망법」에 위배된다면 고소할 수 있다.
② 사이버 명예훼손은 일반적인 명예훼손에 비해 전파 속도가 빠르기 때문에 신속하게 대처해야 한다.
③ 게시글을 옮기는 행위, 메신저 1:1 채팅도 명예훼손죄가 성립될 수 있다.

모욕적인 말을 들었다면 이제 참지 말자

N씨는 오랜만에 여자친구를 만나기 위해 노천카페 테라스에 앉아 있었습니다. 스마트폰으로 자주 들어가던 유머사이트의 게시판을 보며 여자친구를 기다리고 있었는데요. 누군가 자신의 사진과 함께 올린 '변태남, 광화문 모 카페 테라스에서 목격'이라는 게시글을 발견합니다. 황급히 주변을 둘러봤지만 누가 자신을 '변태남'이라고 불렀는지 알 수 없었습니다. 졸지에 인터넷상에서 변태가 된 N씨는 게시글에 실시간으로 달리는 욕설 댓글을

보면서 어떻게 대응해야 할지 고민에 빠졌습니다. 그 순간에도 N씨의 사진은 빠르게 퍼져나갔습니다.

N씨는 단지 여자친구를 만나기 위해 카페에 앉아 있었을 뿐인데, 사진이 무단으로 유출되었고 참을 수 없는 모욕적인 댓글을 감당해야 했습니다. N씨의 사진과 함께 모욕적인 게시물을 올린 네티즌은 어떤 죄를 저지른 걸까요? 통상 이러한 욕설은 상대의 사회적 명예를 실추시켰기 때문에 명예훼손죄에 해당합니다. 그러나 명예훼손죄는 구체적인 사실 또는 허위의 사실을 적시한 경우에만 성립할 수 있으므로, N씨의 사례에서는 명예훼손보다는 모욕에 가깝습니다.

모욕적인 말을 들었다면
모욕죄로 고소하자

•

모욕이란, 구체적인 사실을 적시하지 않고 추상적인 표현을 사용해 누군가의 인격을 깎아내리거나 경멸하는 경우를 의미합니다. N씨가 들은 '변태'라는 표현은 모욕에 해당한다고 볼 수 있는데, 모욕죄가 성립하는 다른 사례로는 '싸가지 없는 놈' '쓰레기 같은 인간' '무뇌아' 등의 표현이 있습니다. 자신의 인격을 멸시하는 이런 표현을 들었다면 충분히 모욕죄로 고소할 수 있습니다.

그렇다면 국정농단 사건의 주역이자 비선실세라고 지칭되는 '최순실'을 빗대어 다른 사람을 비방하는 것은 어떨까요? 이 이름은 고유명사이기 때문에 그 자체로는 별다른 의미가 없지만, 해당 이름이 지니고 있는 뉘앙스까지 모욕죄를 판단할 때 고려될까요? 법원은 고유명사라고 할지라도 해당 단어가 지니는 부정적 뉘앙스를 이용해 다른 사람을 폄하했다면 모욕죄에 해당한다고 판단했습니다.

실제로 한 회사원이 직장 동료와 다투다 "거짓말을 해놓고 자기 잘못을 모르다니, 네가 최순실이냐?"라고 말하자 법원은 해당 발언을 한 회사원에게 벌금 150만 원을 선고했습니다. 또 술에 취한 한 남성이 행패를 부리다가 이를 제지하는 경찰관에게 "최순실 닮았다"라고 했다가 벌금형에 처해지기도 했습니다. 이처럼 고유명사라도 그 단어가 지닌 부정적 뉘앙스로 상대를 비하했다면 모욕죄로 처벌될 수 있습니다.

성적 표현이 들어간 모욕이라면
「성폭력특별법」 위반이다

•

최근에는 온라인 게임에서 누군가에게 모욕을 당하는 일이 늘고 있습니다. 특히 여성 게이머들은 음성채팅을 할 때 성적 표현이 담긴 욕을 듣는 경우가 많은데요. 손이 느리거나 게임을 잘 못한다는 이유로 갑작스럽게 모욕을 당해 큰 정신적 충격에 빠지는 피해자가 많습니다. 하지만 정작 가해자는 "혼잣말이다" "다른 사람에게 한 말이다"라며 뻔뻔하게 자신을 변호하곤 합니다.

문제는 이러한 발언이 실제 처벌로 이어지기 어렵다는 점입니다. 이는 모욕죄가 어떤 대상에게 욕을 한 것인지 분명하지 않으면 성립되지 않기 때문입니다. 그러나 성적 혐오감을 내포한 욕이라면 피해자가 누구인지 정확하게 특정되지 않아도 처벌 대상이 됩니다. 이때는 모욕죄가 아니라 「성폭력특별법」 위반으로 처벌할 수 있습니다. 만일 성적 표현이 들어간 모욕을 받았다면, 모욕죄가 아니라 통신매체를 이용한 음란행위를 처벌하는 「성폭력특별법」의 조항을 통해 가해자를 처벌하는 편이 낫습니다. 통상 '통신매체이용음란죄'라고 알려져 있는데, 통신매체를 통해 성적수치심이 포함된 말을 했다면 누군 가를 특정해 그 말을 했다는 점이 밝혀지지 않아도 죄가 성립 됩니다.

⚖️ 법률상식 핵심 포인트

① 모욕이란 구체적인 사실을 적시하지 않고 자신의 추상적인 판단을 언급 해 누군가의 사회적 지위를 깎아내리는 것을 의미한다.

② 고유명사라고 할지라도 해당 단어가 지니는 부정적 뉘앙스를 이용해 다 른 사람을 폄하했다면 모욕죄로 인정된다.

③ 성적 표현이 들어간 모욕이라면 「성폭력특별법」 위반에 해당한다.

허변의 놓치면 호구 되는 최소한의 법률상식

SECTION 05

거절을 거절하면
스토킹이 될 수 있다

O씨는 학창 시절부터 시원한 성격과 환한 미소로 인기가 많았습니다. 그런데 최근 O씨의 표정이 어둡습니다. 전 애인이 갑자기 '오늘 머리띠 예쁘다'라고 문자를 보냈기 때문입니다. 심지어 전 애인은 O씨의 직장에 커다란 꽃다발을 보내기도 합니다. O씨는 제발 연락하지 말아달라고 부탁했으나, 전 애인은 한 번만 만나 달라며 전화와 문자를 합니다.

이러한 유형의 범죄를 스토킹 범죄라고 합니다. 그런데 그동안 스토킹 범죄는 범죄 축에도 들지 못했습니다. 아무리 따라다녀도 「경범죄 처벌법」에 의해 10만 원 이하의 벌금으로 처벌되었습니다. 이렇게 처벌이 너무 가볍다 보니 가해자는 스토킹 신고를 무서워하지 않았고, 결국 스토킹을 신고한 피해자를 가해자가 살해하는 사건까지 발생합니다.

스토킹 범죄의 심각성을 인식해 2021년 10월 드디어 「스토킹범죄의 처벌 등에 관한 법률」이 시행되었습니다. 2023년 7월부터는 가해자와 피해자가 합의를 했더라도 가해자를 처벌할 수 있게 되었고, 스토킹 범죄를 2회 이상 저질렀을 경우 전자발찌를 부착하는 내용이 추가되는 등 스토킹 범죄를 근절하기 위해 법이 강화되었습니다.

스토킹 가해자는 「스토킹범죄의 처벌 등에 관한 법률」에 따라 3년 이하 징역 또는 3천만 원 이하의 벌금형을 받을 수 있습니다. 만약 흉기나 위험한 물건을 가지고 스토킹을 한 경우에는 5년 이하 징역, 5천만 원 이하의 벌금형을 받을 수 있습니다.

스토킹 행위는 보통 싫다고 하는데도 따라다니거나 길을 막는 행위, 집이나 회사 근처에서 기다리거나 지켜보는 행위, SNS 등을 통해 메시지나 사진, 동영상 등을 보내는 행위, 집이

허변의 놓치면 호구 되는 최소한의 법률상식

나 사무실에 물건을 두거나 훼손하는 행위, 개인 신상을 유포하는 행위 등을 의미합니다.

「스토킹범죄의 처벌 등에 관한 법률」은 이를 '상대방의 의사에 반해 정당한 이유 없이 상대방 또는 그의 동거인, 가족에 대해 불안감이나 공포심을 일으키는 것'이라고 규정합니다. 이때문에 사랑한다면서 꽃을 보내는 행위나, 많은 사람이 보는 앞에서 공개 프로포즈를 하는 행위도 상대방이 원하지 않고 그행위로 인해 불안함을 느끼면 스토킹이 될 수 있습니다. 낭만이 사라졌다고 한탄할 수 있지만 당하는 사람 입장에서는 낭만이 아니라 넝마와 같은 현실이 될 수 있습니다.

스토킹을 당하면
긴급응급조치를 요구하자

•

스토킹을 당한 경우 즉시 경찰에 신고해야 합니다. 경찰은 신고를 받으면 즉시 현장에 나가 현재 진행되고 있는 스토킹 행위에 대해 응급조치를 할 수 있습니다. 경찰은 스토킹 행위를 제지하고, 스토킹 행위에 대한 처벌을 경고하고, 가해자와 피

경찰·검찰 3단계 대응

응급조치	긴급응급조치	잠정조치
스토킹 행위 제지 및 경고. 수사와 동시에 피해자를 보호시설로 인도	주거 등으로부터 100m 이내 접근 금지. 통신매체 이용 접근 금지	피해자·주거 등 100m 이내 접근 금지. 유치장 등 유치

해자를 분리한 후 스토킹에 대해 수사할 수 있습니다. 만약 스토킹 행위가 반복될 것이 우려되면 긴급응급조치를 할 수 있는데, 전화를 하거나 메시지를 보내는 행위를 금지하고 피해자 100m 이내에 접근하지 못하도록 조치를 취할 수 있습니다.

스토킹 범죄가 재발 위험성이 있는 경우 법원이 잠정조치를 내릴 수 있습니다. 피해자의 주거지 등에 100m 이내로 접근하지 못하게 하는 조치, 연락을 금지하는 조치, 구치소에 최대 1개월까지 유치하는 조치 등을 할 수 있습니다. 스토킹 피해자는 법률·의료·주거 지원 및 상담치료 등의 지원을 받을 수 있습니다. 특히 2023년 3월부터는 스토킹 범죄로 인해 이사를 가는 경우에도 긴급복지지원제도상 '위기 상황'이 인정되어 경제적인 지원을 받는 길이 열렸습니다.

허변의 놓치면 호구 되는 최소한의 법률상식

법률상식 핵심 포인트

① 스토킹 가해자는 「스토킹범죄의 처벌 등에 관한 법률」에 따라 3년 이하 징역 또는 3천만 원 이하의 벌금형을 받을 수 있다.

② 스토킹을 당한 경우 즉시 경찰에 신고해야 한다.

③ 스토킹 피해자는 법률·의료·주거 지원 및 상담치료 등의 지원을 받을 수 있다.

언제 변호사가 필요할까?
(압수수색, 체포구속)

어느 날 모르는 번호로 전화가 걸려옵니다. "여보세요. ○○경찰서인데요. ○○사건으로 피고소인이 되었습니다. 간단히 조사할 것이 있으니 잠깐 나와서 몇 가지 확인하고 가세요." 이런 연락을 받았다면 절대 가벼운 마음으로 경찰서나 검찰에 가서는 안 됩니다.

종종 자신은 죄가 없고 부끄럽지 않다는 이유로 아무런 대비 없이 경찰서나 검찰에 갔다가 돌아오지 못하는 일도 생깁니다. "아니, 평생을 한 점 부끄럼 없이 살아왔는데요? 당장 나가서 누명을 벗겠습니다." 이런 마음에 철저하게 대비하지 않고 갔다가 긴급체포될 수 있습니다.

불구속 상태에서 조사를 받는 것과 구속 상태에서 조사를 받는 것은 하늘과 땅 차이입니다. 불구속 상태라면 언제든지 변호사와 상의하면서 방어 전략을 짤 수 있지만, 구속된 상태라면 변호사가 직접 구치소로 접견을 와야 합니다. 당연히 비용도 많이 들고, 자유롭지 않은 상황 때문에 필요한 증거를 수집하기도 쉽지 않습니다(민사사건에서는 변호사, 형사사건에서는 변호인이라고 표기합니다. 그러나 편의상 형사사건에서도 변호사라고 표기하겠습니다).

수사기관에서 전화가 걸려오면 일단 왜 전화를 했는지 캐물어야 합니다. 당신은 세금을 내고 있고, 그 세금이 당신에게 전화를 건 경찰과 검찰의 월급이 되기 때문에 하나도 꿀릴 필요가 없습니다. 당당하게 나를 왜 찾는지 물어도 됩니다.

수사기관이 궁금해하는 것이 무엇인지 확인했다면 이제 자신이 어떤 상황인지 물어볼 차례입니다. 이것을 '신분'을 물어본다고 합니다. 만약 참고인이라면 수사기관에서 간단한 조사만 받고 집으로 돌아올 가능성이 높습니다(물론 아닌 경우도 있죠).

반면 피의자라면 범죄를 저질렀다는 혐의를 받고 있기 때문에 아직 유죄가 아니지만 잠재적 범죄자로 취급되고 있다고 보면 됩니다.

이렇게 왜 나오라고 하는지, 자신이 무슨 신분인지 파악했다면 지체 없이 변호사를 만나야 합니다. 바로 그 순간이 변호사가 가장 필요한 때입니다. 만나서 현재 상황을 설명하고 변호사와 함께 출석일자를 정해야 합니다. 간혹 막무가내로 지정한 날짜에 조사를 받지 않으면 체포할 수 있다는 뉘앙스를 풍기는 경찰이 있는데 두려워할 필요 없습니다(이런 경찰이 없을 것 같지만 아직도 있습니다). 경찰 조사에 나가지 않았다고 해서 무조건 체포영장이 발부되는 것은 아니기 때문이죠. 증거 인멸과 도주 우려 등 체포의 필요성이 있을 때만 체포영장이 발부됩니다. 조사를 받으러 나가는 날짜를 미뤄달라고 했다는 이유로 체포영장이 발부될 수는 없습니다. 얼마든지 변호사와 함께 본인이 출석할 날짜를 정할 수 있으니 천천히 대응방안을 구상하기 바랍니다.

다시 강조하지만 수사기관의 말만 믿고 아무런 대비 없이 출석해서는 안 됩니다. 수사기관에서 전화가 오면 즉시 변호사에게 전화합시다. 이것만 명심하면 됩니다. 수사기관에서 전화가 왔다면 아무리 작고 사소한 이유라도 변호사부터 찾아야 합니다. 그럼 다른 상황에선 언제 변호사가 필요할까요?

1. 압수수색이 들어올 때

드라마를 보면 검사나 수사관이 "압수수색 영장입니다"라고 말하며 압수수색이 시작됩니다. 압수수색은 보통 한 음절로 쓰이나 사실 '압수'와 '수색'은 의미가 다릅니다. '압수'란 범죄의 증거물로 사용하기 위해 물건을 수사기관이 강제로 가져가는 것이고, '수색'이란 증거물을 찾기 위해 사람의 신체, 물건 등을 자세하게 뒤져보는 것입니다.

압수수색은 수사기관이 상당한 노력을 기울여 시행합니다. 영장을 발부하는 주체는 판사이고, 엄격한 기준으로 검사의 영장청구가 적절한지를 판단하기 때문에, 검사는 강제수사가 필요한 이유를 설득력 있게 제기하기 위해 수백 수천 페이지에 달하는 수사보고서와 증거자료 등을 법원에 제출합니다.

이러한 과정은 짧게는 며칠, 길게는 2주일 이상 걸리기도 합니다. 이렇게 힘들게 받은 영장을 가지고 집행한 압수수색이기 때문에 수사기관은 "무조건 증거물을 찾겠다" "하나라도 걸려라" 등 사활을 거는 경우가 대부분입니다. 당연히 압수수색

과정에서 마찰이 발생할 수밖에 없고 이때 변호인이 있으면 상당한 도움이 됩니다.

특히 디지털 정보에 대한 압수수색은 범죄 사실과의 관련성을 따져서 하므로, 파일을 하나하나 따져가면서 꼼꼼하게 확인해야 합니다. 변호인이 선임되어 있지 않다면 수사기관에 양해를 구하고 연락하면 됩니다. 변호인이 선임된 상태에서 압수수색을 진행하는 것이 향후 재판 과정에서 '위법수집증거' 등을 주장하는 데 큰 도움이 됩니다.

2. 체포되거나 구속되었을 때

수사기관에서 체포영장을 들고 오거나, 구속영장이 청구되었다는 연락을 받았을 때도 즉시 변호인을 선임해야 합니다. 아니면 최소한 국선변호사를 선임하겠다는 의사를 표시해야 합니다. 구속영장이 청구되면 보통 48시간 이내에 판사 앞에서 영장실질심사를 받기 때문에 연락받은 즉시 변호인을 선임해도 시간이 부족합니다. 실제로 금융 사기와 연관된 사건으로 구속된 피의자의 경우 관련된 자료를 모으는 데만 이틀이 꼬박 걸리기도 했습니다. 짧은 시간 내에 변호인의 도움 없이 수사기관이 제기하는 범죄 혐의, 증거 인멸 및 도주 우려, 구속 필요성 등에 대해 반박 논리를 준비하기가 쉽지 않죠. 변호인을 선임해도 시간이 부족한데 형사사건에 있어 최고 전문가인 검사를 일대일로 상대하기란 쉽지 않습니다. 체포되거나 구속되었다면 반드시 변호인을 찾아야 합니다.

3. 증거 확보가 필요할 때

상대의 잘못을 입증할 구체적인 증거가 없다면 소송을 하지 말아야 합니다. 그럼에도 불구하고 꼭 소송을 하고 싶다면 반드시 변호사부터 찾아야겠죠. 변호사의 도움을 받아 사전에 차근차근 증거를 모으고 준비해야 승소 확률을 높일 수 있기 때문입니다.

증거를 확보하는 가장 손쉬운 방법은 통화 녹음입니다. 녹음 버튼만 누르면 되니 확보하기 편하고, 정성을 들여 쓴 계약서보다 증거 가치 역시 크기 때문이죠. 계약서가 없어 소송 제기가 어려운 상황에서도 "계약했잖아"라는 상대방의 한마디만 녹음되면 소송 제기가 가능해집니다. "1천만 원 주기로 했잖아"와 같은 결정적인 한마디는 소송을 승리로 이끌 수도 있습니다.

참고로 통화할 때마다 매번 녹음하기가 귀찮다면 자동녹음

애플리케이션을 사용하면 됩니다. 언제 어떻게 쓰일지 모르기 때문에 중요한 전화는 되도록 녹음해두는 것이 좋습니다. 다만 소송에 필요한 증거를 모으는 시점에서는 상대방도 '돌아가는 상황이 이상한데?'라고 생각할 가능성이 있습니다. 따라서 여러 번 만나거나 통화를 하는 것이 어려울 것입니다. 변호사의 도움을 받아 한 번의 통화로 소송에 필요한 진술을 모두 받아내는 것이 좋습니다.

증거가 될 만한 문서나 통화 녹음을 확보하기 어렵다면 법적 분쟁 상황을 알고 있는 사람들의 진술서를 모아 사건을 재구성해야 합니다. 다만 진술서 자체의 증명력이 굉장히 낮기 때문에 가능하면 변호사의 도움을 받아 구체적이고 상세한 진술서를 받아야 합니다. 특히 진술서를 결정적인 증거로 사용하려면 법정에서 증인 신문이 필요하기 때문에, 미리 이에 대한 대비도 해야 합니다.

한편 재판 과정에서 반대로 상대방은 우리가 제출한 제3자의 진술서를 믿을 수 없다고 주장하며 증인 신문에 나설 수 있습니다. 증거의 신빙성을 탄핵해 우리 주장이 틀렸다는 점을 입증하려는 것이죠. 이 때문에 진술서를 받을 때는 혹시 있을지 모르는 상대방의 증인 신문에 대비해 확실한 부분만 내용에

허변의 놓치면 호구 되는 최소한의 법률상식

포함해야 합니다. 이 부분 또한 변호사의 도움을 받는 것이 효율적입니다.

PART 4

내 지갑을
지켜주는
법률상식

제때 환불받지 못하거나, 빌려준 돈을 돌려받지 못하거나, 분실한 신용
카드를 누군가 몰래 사용하는 등 타인에 의해 금전적 피해를 입는 경우
가 많습니다. 다행히 법은 이러한 불합리한 상황에서 우리의 지갑을 지
켜주기 위해 다양한 안전장치를 마련해두었습니다. 차용증을 쓰거나,
공정증서를 작성하는 등 몇 가지 팁만 기억해두면 충분히 금전적 피해
를 예방할 수 있습니다.

허변의 놓치면 호구 되는 최소한의 법률상식

환불도 소비자의 정당한 권리

P씨는 성형시술을 받기 위해 ○○병원 피부과와 △△병원 성형외과에 미리 예약을 해두었습니다. 그런데 ○○병원 피부과 측과 예약한 날짜에 갑자기 급한 일이 생겨 황급히 당일에 취소하게 됩니다. 다음 날 P씨는 ○○병원 측으로부터 "일방적으로 치료를 취소했으니 지불한 계약금을 돌려줄 수 없다"는 통보를 받습니다. 이번에는 △△병원 성형외과의 예약일이 다가왔습니다. 그런데 갑자기 △△병원 측 사정으로 진료가 취소됩니다. P씨가

계약금을 돌려달라고 항의하자 "계약서에 계약금을 반환하는 조항은 따로 없다"는 답변만 듣게 됩니다. 두 병원에서 모두 계약금을 돌려받지 못한 P씨는 너무 화가 났습니다.

P씨는 개인적인 사정이 생겨 속이 상했지만 예약을 취소하고 병원에 환불을 요청했습니다. 그런데 병원 측은 환불을 못 해주겠다며 버티고 있는 상황입니다. 환자와 병원은 금전적인 문제로 다투는 경우가 잦고, 통상 약자인 소비자가 피해를 보게 됩니다.

P씨의 사례처럼 소비자가 환불을 요구하면 병원은 여러 이유를 대며 거부하는 경우가 많은데요. 이때 분쟁에 익숙하지 않은 소비자는 시간과 비용의 압박으로 피해를 감수하는 쪽을 선택하게 됩니다.

그런데 다행히 공정거래위원회의 '소비자분쟁해결기준'은 이러한 상황에 대처하는 좋은 무기가 될 수 있습니다. 여러 이유로 환불을 거절당했다면 복잡한 소송을 준비하는 대신에 한국소비자원에 관련 내용을 고발함으로써 신속한 구제가 가능합니다.

환불해주지 않으면
한국소비자원에 고발하자

•

두 병원에서 계약금을 돌려받지 못한 P씨는 어떻게 대처해야 할까요? ○○병원 피부과는 P씨가 당일에 일방적으로 치료를 취소해 금전적인 손해를 봤다며 계약금을 전부 돌려줄 수 없다고 주장하고 있습니다. 어떻게 생각해보면 피부과의 주장이 옳은 것 같기도 합니다. P씨의 일방적인 취소로 다른 사람을 치료할 수 있는 기회를 놓쳤기 때문입니다. 치료를 위해 대기하던 의사에게 그에 대한 보상이 필요해 보입니다.

소비자분쟁해결기준에 따르면 이 경우 소비자가 계약금의 10%만 배상하면 된다고 규정하고 있습니다. 즉 P씨는 계약금의 10%를 약속 취소에 따른 대가이자 의사의 치료 대기에 따른 비용으로 지불하면 됩니다. 계약금을 이미 지불했다면 90%를 환급받을 수 있고, 아직 계약금을 지급하지 않았다면 계약금의 10%를 병원에 지불하면 되는 것이죠. 그러나 규모가 큰 수술은 조금 다릅니다. 환자가 수술 당일 취소했다면 병원의 수술 준비에 소요된 비용 등을 감안해 계약금 전액을 몰수할 수도 있습니다.

결국 P씨는 자신의 사정으로 예약을 취소한 ○○병원 피부과에 계약금의 10%를 지불해야 합니다. 그러나 △△병원 성형외과의 경우 병원 측의 잘못으로 수술이 취소된 것이기 때문에 계약금의 100%를 배상받을 수 있습니다.

소비자에게
불리한 약관은 무효다

•

인터넷 쇼핑을 하다 보면 자주 접하는 문구가 있습니다. 바로 '개봉 후에는 환불이 불가능합니다' '단순 변심으로 인한 환불은 안 됩니다' '태그를 제거하면 교환이 안 됩니다' 등의 내용입니다. 그러나 업체가 아무리 환불 불가, 교환 불가 문구를 적어 놓았다고 해도 위축될 필요는 없습니다. 우리는 당당하게 환불과 교환을 요구할 수 있습니다.

「전자상거래 등에서의 소비자보호에 관한 법률」(이하「전자상거래법」)은 소비자의 교환 및 환불에 대한 권리를 명확하게 규정하고 있습니다. 소비자는 제품을 받고 7일 안에 디자인이나 색상 등이 마음에 들지 않을 경우 교환 및 환불을 요구할 수 있습니다. 즉 단순 변심이라 해도 환불이 가능한 것이죠. 물론 판매자들은 "개봉 후 환불 불가와 같은 사항을 미리 고지했으므로, 이를 알면서 개봉한 사람들에게까지 환불해주는 규정은 지나치다"라고 주장할 수 있습니다. 그러나 「독점규제 및 공정거래에 관한 법률」(이하 「공정거래법」)과 「전자상거래법」 등은 소비자에게 불리한 계약 내용이나 약관은 무효라고 규정하고 있습니다. 즉 아무리 교환 불가, 환불 불가 내용을 미리 고지했다고 해도 무효라는 것이죠.

다만 이러한 사항은 인터넷 쇼핑에 한정됩니다. 오프라인 매장은 직접 눈으로 보고 살 수 있기 때문에 일단 구매해서 집으로 가져간 이후에는 단순 변심으로 인한 교환이나 환불이 어려울 수 있습니다. 그래서 일반 매장은 계약이나 약정의 내용이 중요한데, 만약 매장에서 "단순 변심의 경우 환불이 안 된다"라고 고지했다면 법원으로 가도 환불 불가 규정이 적법하다고 판단될 가능성이 높습니다. 물론 물건에 하자가 있다면 환불은 당연히 가능합니다.

인터넷 쇼핑몰에서 '태그 제거 시 환불 불가'라는 규정을 고지한 옷을 샀는데, 실수로 태그를 떼어버렸다면 환불이 안 되는 걸까요? 아닙니다. 7일 이내에 요청했다면 태그를 떼어 버렸어도 환불이 가능합니다. 옷의 가치가 하락했다면 환불이 어렵겠지만, 단순히 태그를 제거했다고 옷의 가치가 하락하지는 않기 때문입니다. 옷에 별다른 손상이 없다면 판매자가 고지한 환불 불가 규정과 상관없이 환불이 가능합니다.

만약 판매자가 보내온 계약서에 서명을 했고, 그 계약서에 태그를 떼면 환불이 안 된다는 조항이 있더라도 환불이 가능합니다. 마찬가지로 단순 변심을 이유로 환불할 수 없다는 등의 조항도 위력이 없습니다. 소비자에게 불리한 내용은 법적 효력이 없기 때문입니다.

제품이 고장 났는데
환불이 안 된다면

•

큰돈을 들여 구입한 제품이 고장 났다면 어떻게 해야 할까요? 실제로 고장이 반복되어 제조사에 환불을 요청했는데, 제조사 측에서 소비자의 책임으로 전가하며 환불을 거부하는 사례가 많습니다. 이러한 상황도 소비자분쟁해결기준에 근거해 한국소비자원 산하 소비자분쟁조정위원회에 조정을 신청하면 쉽게 해결할 수 있습니다.

소비자분쟁해결기준을 보면 제품을 구입한 후 10일 이내에 고장이 났거나, 품질보증기간 이내에 수리할 수 없는 고장이 발생했거나, 동일한 고장이 품질보증기간 이내에 3회 발생한 경우 환불을 요구할 수 있다고 나와 있습니다. 이때 제조사는 소비자분쟁해결기준에 따라 환불을 해줘야 합니다.

피해구제 신청방법은 다음과 같습니다. 먼저 1372번으로 한국소비자원에 전화해 상담을 받아야 합니다. 상담을 받지 않았다면 피해구제 신청 접수를 할 수 없습니다. 상담 후 한국소비자원 사이트(www.kca.go.kr)에서 피해구제 신청을 하면 되는데, 피해구제 접수 해당 요건을 체크한 후 관련 자료를 모아 1개의 파일로 압축해 첨부하면 됩니다.

헬스장과 장기계약을 맺었는데
한 달 뒤 환불해야 한다면

●

헬스장은 보통 한 달 가격보다 1년 이상 장기계약이 더 저렴해서 대부분의 고객이 장기계약을 맺습니다. 문제는 작심삼일인 경우가 많다는 것입니다. 한두 달 정도 지나면 더 이상 헬스장에 가지 않게 되고, 이때 헬스장에 환불을 요청하는 사례가 많습니다. 그런데 이러한 요청에 순순히 환불해주는 헬스장은 거의 없고, 보통은 이런저런 이유를 대며 환불을 거절합니다. 하지만 소비자는 당연히 환불을 받을 권리가 있습니다.

헬스장의 논리는 다음과 같습니다. 먼저 계약서에 '환불 불가' 조항이 있기 때문에 환불이 어렵다고 주장합니다. 그러나 「공정거래법」에 따르면 소비자에게 불리한 계약 내용이나 약관은 무효입니다. 또 헬스장과 소비자 간의 계약은 약관에 의해 체결되므로 「약관의 규제에 관한 법률」, 즉 「약관규제법」의 적용도 받습니다. 아무리 계약서에 환불 불가 조항이 있고, 그 내용을 소비자가 읽고 동의했다 하더라도 일방적으로 불리한 조항이기 때문에 효력이 없습니다. 같은 논리로 단순 변심에 의한 환불 역시 가능합니다.

업체의 다른 논리로는 "환불을 할 때는 할인된 금액이 아닌 원래의 가격으로 정산한다" 또는 "계약금의 30%를 위약금으로 한다" 등이 있습니다. 언뜻 보기에는 그럴듯해 보여도 사실은 꼼수에 불과합니다. 환불을 받을 때는 공정거래위원회가 마련한 '체력단련장(헬스장) 이용 표준약관'을 참고해 계산하면 됩니다. 일단 계약한 금액이 할인가인지 정상가인지에 따라 환불 방식이 달라집니다. 할인된 금액으로 계약했다면 계약금의 10%를 위약금으로 지불하고 이용한 일수에 따라 금액을 나눠 지급하면 됩니다. 정상가로 계약했다면 사용한 날에 해당하는 요금을 제외하고 돌려받으면 됩니다.

예를 들어 원래 한 달에 20만 원씩 1년에 240만 원이 정가인데, 특별히 50% 할인해 120만 원만 지불했다고 가정해봅시다. 이 경우 두 달간 이용한 후 중도에 환불한다면 120만 원의 10%인 12만 원과 두 달 이용료인 24만 원을 더한 36만 원을 공제한 금액을 환불받을 수 있습니다. 만약 정상가인 240만 원을 결제한 후 두 달간 이용하고 환불받아야 하는 경우라면, 위약금 없이 두 달 이용료인 40만 원만 제하고 나머지 200만 원을 돌려받을 수 있습니다.

법률상식 핵심 포인트

① 소비자에게 불리한 약관 내용은 법적 효력이 없다.
② 한국소비자원에 관련 내용을 고발함으로써 신속한 구제가 가능하다.
③ 1372번으로 전화하면 관련 상담을 받을 수 있고, 한국소비자원 사이트에서 피해구제 신청을 할 수 있다.

돈, 그냥 빌려주면 호구 된다

평소 "친한 사람과는 돈 거래를 절대로 하지 마라"라는 말을 귀가 따갑도록 들은 Q씨. 그런데 소꿉친구 A가 돈이 필요하다며 빌려 줄 것을 요구하자 큰 고민에 빠졌습니다. 친구를 믿지 못하는 건 아니지만 어떻게 해야 관계도, 돈도 잘 지킬 수 있을까요?

아무리 친한 사이라도 돈과 관련된 일에 엮이면 문제가 발생할 수 있습니다. 우리나라에서는 친할수록 차용증이나 계약서 쓰는 일을 겸연쩍게 생각하는 문화가 있어 보통 구두로 모든 것을 진행합니다. 물론 나중에 갚기만 한다면 문제가 없겠지만 만일 그러지 않는다면 난감한 상황이 발생하게 되죠.

친한 사이일수록
차용증을 써야

•

금전과 관련된 분쟁에서 이기려면 돈을 빌려준 '증거'가 있어야 합니다. 만약 증거가 없다면 실제로 돈을 빌려줬는지 법원이 판단할 방법이 없습니다. 돈을 빌려줬다고 아무리 주장해봤자 상대방이 "안 빌렸는데?"라고 부인하면 끝입니다. 이런 상황은 증명책임에 따른 것으로, 돈을 빌려준 사람이 그 사실을 증명하지 못하면 소송에서 지게 됩니다. 어떠한 사실을 입증하지 못하면 증명책임에 따라 그 사실이 없는 것으로 판단되어 불이익을 입는 것입니다. 그래서 돈을 빌려줄 때는 반드시 증거를 남겨야 합니다.

돈을 빌려준 사실을 증명해주는 가장 확실한 증거는 무엇일까요? 그 증거로는 계약서, 차용증, 각서 등 문서가 가장 확

차 용 증

채권자: Q씨(700216-1******)

채무자: 동창 A(701131-1******)

대여금: 금 일천만 원(금 10,000,000원)

채무자는 채권자에게 위 돈과 관련해 다음과 같은 사항을 약정합니다.

1. 채무자는 금 일천만 원(금 10,000,000원)을 2024년 10월 25일 채권
   자로부터 대여했습니다.

2. 채무자는 위 돈을 2026년 10월 25일까지 갚을 것을 약정합니다.

3. 만약 채무자가 위 돈을 갚지 않을 경우 2026년 10월 25일부터 연 5%
   의 지연 손해금을 지급할 것을 약정합니다.

2024년 10월 25일

채무자 동창 A (서명, 날인)

허변의 놓치면 호구 되는 최소한의 법률상식

실합니다. 형식은 아무런 제한이 없습니다. 그냥 종이에 당사자, 금액, 날짜, 서명, 날인을 받으면 됩니다. 특히 돈을 빌리는 사람에게 부탁해 직접 자필로 인적사항을 적게 하면, 돈을 빌려간다는 본인의 의사가 명확하게 남는다는 점에서 좀 더 확실한 증거가 될 수 있습니다.

인감도장을 찍고
인감증명서를 받자

●

돈을 빌려준 증거인 차용증에 당사자, 금액, 날짜 등이 정확하게 기록되었다면 일단 고비는 넘겼습니다. 차용증과 같이 법률적 행위가 문서 자체에 기록되어 있는 문서를 처분문서라고 합니다. 법원은 처분문서가 있다면 거기에 적혀 있는 내용으로 법률 행위가 일어났다고 비교적 쉽게 인정해줍니다. 그런데 법원은 처분문서를 인정하기 전에 문서가 유효한지 확인하는 과정을 거칩니다. 예를 들어 차용증이 유효하기 위해서는 돈을 빌려간 사람이 정확한 의사로 도장을 찍었다는 점이 인정되어야 하는데, 이 과정은 실제로 좀 복잡하게 전개됩니다.

일단 법원은 돈을 빌려간 사람이 평소 사용하던 도장과 차용증에 찍힌 도장이 동일한지 검토합니다. 만약 도장이 동일하다고 인정되면 도장 주인이 협박을 당하지 않고 자신의 의사로 도장을 찍었다고 추정합니다. 즉 도장이 동일하면 차용증이 진짜라고 인정하는 것이죠.

만약 문서에 막도장이 찍혀 있다고 가정해봅시다. 돈을 빌린 사람이 문서에 막도장을 찍고 갚지 않고 있습니다. 돈을 빌려준 사람은 막도장이 찍힌 문서를 법원에 내밀며 돈을 갚으라고 요구하겠지만, 돈을 빌린 사람이 "그 도장은 내 도장이 아니야"라고 주장하면 법원은 돈을 빌려준 사람의 주장을 무턱대고 인정할 수 없습니다. 도장이 가짜일 수 있기 때문이죠. 돈을 빌려준 사람은 어떻게 해서든 문서에 찍힌 막도장이 당사자가 평소 사용하던 도장이라는 것을 증명해야 합니다.

아마 '그것을 어떻게 증명해야 하지?'라는 생각이 들 것입니다. 당연합니다. 증명하기가 매우 어려운 사안입니다. 그러므로 정부가 공인하는 인감 제도를 이용해야 합니다. 행정복지센터에 가서 직접 등록한 인감도장이 찍혀 있다면 자신의 도장이 아니라고 부인할 수 없기 때문입니다. 인감도장이 찍혀 있으면 당연히 차용증은 진짜로 추정되고, 이제 반대로 돈을 빌려간 사람이 차용증이 가짜라는 점을 증명해야 합니다.

한편 인감도장을 받을 때는 인감증명서를 반드시 같이 받아야 합니다. 인감증명서가 없으면 상대방이 막도장을 써도 구분할 방법이 없어 위험하기 때문입니다. 만약 돈을 빌려가는 사람이 인감증명서가 없다고 하면 본인서명사실확인서를 달라고 해도 됩니다. 2012년 12월 1일부터 본인서명사실확인 제도가 도입되었습니다. 이 제도는 기존의 인감 제도의 불편함을 개선하기 위한 것으로, 본인서명사실확인서는 반드시 당사자가 관공서 등에 직접 가서 발급받아야 하므로 대리발급의 위험성이 없습니다. 따라서 차용증 등에 서명을 한 후 본인서명사실확인서를 첨부한다면 기존의 인감증명서와 동일한 효력을 갖게 됩니다.

인감증명서나 본인서명사실확인서를 피치 못할 사정으로 받지 못했다면 도장보다는 서명을 받는 편이 낫습니다. 손으로 쓴 글씨는 10년이 지나더라도 필적감정을 할 수 있기 때문이죠. 필적감정은 문장의 길이가 길수록 정확해지기 때문에 문서 작성 시 주소와 전화번호 등을 비워놓고 모두 채우게 하는 방식을 취하는 것이 좋습니다.

녹음도
효력이 있다

•

따로 차용증을 받으면 좋겠지만 막역한 사이라면 차용증을 쓰기가 곤란할 수도 있습니다. "우리 우정이 몇 년인데, 정말 날 못 믿는 거야?"라는 말을 들을 수도 있겠죠. 이때는 친구에게 돈을 얼마 빌려주고, 언제까지 갚는다는 내용 등을 녹음해 보관하면 됩니다. 그런데 친구의 기분을 상하지 않게 하려면 몰래 녹음해야 하는데 '동의 없이 녹음하면 불법 아닌가?'라고 생각할 수도 있습니다. 그러나 대화의 당사자라면 동의 없이 녹음해도 불법이 아닙니다. 하지만 돈을 빌려간 사람과 대화하는 내용을 녹음한 것이 아니라, 그 친구가 다른 이와 이야기하는 내용을 몰래 녹음했다면 증거로 사용할 수 없습니다. 이 상황은 일종의 도청으로, 도청된 녹음파일은 효력이 없기 때문입니다.

녹음은 녹취록의 형태로 법원에 제출할 수 있어 법원 근처에 있는 속기사에게 가져다주면 됩니다. 속기사는 녹음된 내용을 문서에 옮기고 이를 공증해 녹취록을 만들어줍니다. 녹취록을 잘 보관하고 있다가 나중에 법적 분쟁이 생기면 법원이나 검찰에 증거로 제출하면 됩니다. 참고로 녹취록은 반드시 국가공인 속기사에게 맡겨야 하며, 비용은 녹음 시간에 따라 달라집니다. 법원 근처에 위치한 속기사 사무실에 방문하면 쉽게 견적을 받을 수 있습니다.

 법률상식 핵심 포인트

① 돈을 빌려줄 때 가장 중요한 사항은 돈을 빌려준 증거를 남기는 것이다.
② 차용증에는 되도록 인감도장을 찍고 인감증명서까지 받아야 한다. 인감증명서는 본인서명사실확인서로 대체할 수 있다.
③ 차용증을 쓰기 곤란한 사이라면 녹음으로 대체할 수 있다.

SECTION 03

빌려준 돈을
반드시 받는 방법

결국 돈을 빌려준 Q씨. 하지만 친구는 갚기로 한 날짜에 잠적하고 맙니다.

빌려준 돈을 돌려받는 소송을 '대여금 청구소송'이라고 합니다. 보통 돈을 빌려줬는데 갚지 않으면 '사기 아닌가?' 하는 생각에 형사고소를 먼저 생각하지만, 실제로 대여금 관련 사건에서 형사고소가 성공하는 경우는 굉장히 드뭅니다. 형사처벌은 '갚을 능력이 없으면서 고의적으로 돈을 빌리고 갚지 않은 경우'에 한해 처벌하기 때문이죠. 이자를 조금이라도 냈다면 무혐의 처분이 날 수 있습니다.

법원을 통한
대여금 청구소송

•

형사고소보다는 민사소송인 대여금 청구소송을 하는 게 더 낫고, 빌려준 돈이 적다면 바로 소장을 제출하기보다 지급명령신청을 하는 게 더 낫습니다. 일반적인 소송에 비해 비용이 훨씬 저렴하기 때문입니다. 그러나 상대방이 돈을 갚지 않을 의사가 명확하다면 지급명령신청보다 바로 소장을 접수하는 것이 좋습니다. 상대가 이의신청을 하면 시간만 낭비할 수도 있습니다.

지급명령을 신청하려면 채권자와 채무자가 누구인지, 빌려준 돈은 얼마인지, 언제 빌려주었는지, 이자는 얼마인지를 적어서 법원에 제출하면 됩니다. 지급명령신청도 일반적인 대여금 청구소송과 같이 몇 가지 반드시 들어가야 되는 내용이 있습니다. 상대방에게 얼마의 돈을 언제 빌려주었는지, 이자는 어느 정도이고, 상대방이 갚아야 하는 시기가 얼마나 남았는지 등입니다. 그리고 동시에 증거를 함께 제출해야 하는데, 보통 영수증이나 계약서를 제출하면 앞에서 이야기한 금액과 시기 등이 입증됩니다. 그런데 계좌 이체내역은 돈을 보내주었다는 사실만 보여줄 뿐 빌려주었는지에 대한 증거는 되지 않습니다. 따라서 실제로 대여한 사실이 있다는 점을 별도로 증명해야 합니다.

상대가 지급명령신청에 이의를 제기하면 대여금 청구소송이 시작됩니다. 보통 원고는 "돈을 빌려주었습니다"라고 소송을 제기하고, 피고는 "안 빌렸습니다" 또는 "빌렸지만 갚았어요"라고 주장합니다. 이렇게 서로 다투게 되면 대략 6개월 정도의 시간이 소요됩니다.

3천만 원 이하라면
소액심판제도를 이용하자

•

돈을 갚지 않는 사람을 상대로 한 민사소송은 시간과 비용이 적지 않게 듭니다. 이 때문에 과거에는 금액이 적은 채무 문제

허변의 놓치면 호구 되는 최소한의 법률상식

는 소송 자체를 포기하는 경우가 많았습니다. 다행히 현재는 소액 채권자들을 구제하기 위한 소액심판제도가 도입되었습니다. 이는 3천만 원 이하의 사건에 한해 신속하게 재판을 진행할 수 있는 제도로, 단순하고 소액인 사건이라면 소액심판제도를 이용하는 게 유리합니다.

소액심판제도의 가장 큰 특징은 소송 제기가 간단하다는 점입니다. 법원에 비치된 소액사건소장을 이용하여 소액사건 심판청구를 하면 됩니다. 소액심판제도의 장점은 다음과 같습니다.

1. 법원에 소액사건소장이 접수되면 즉시 변론기일이 지정된다.
2. 재판은 원칙적으로 1회에 끝난다.
3. 배우자, 부모, 자녀, 직장동료 등 다른 사람이 소송을 대리할 수 있다.

참고로 소액사건은 1회 변론 종결이 원칙입니다. 소액심판제도는 되도록 1회의 변론기일로 심리를 마치도록 규정하고 있기 때문에 일반적인 민사소송과 달리 처음 열리는 변론에서 가능한 한 모든 공격 또는 방어를 해야 합니다. 첫 번째 변론기일 이전에 모든 증거를 준비한 후 제출하고, 증인 신문이 필요하다면 마찬가지로 첫 번째 변론기일 이전에 신청서와 신문사항의 요령을 기재한 서면 4통을 제출해야 합니다.

보증인에 대한 소송도 가능하다

●

만약에 계약서 등에 보증인을 적었다면 보증인을 상대로 돈을 대신 갚아달라고 할 수도 있습니다. 그래서 돈을 빌려줄 때는 보증인을 1명 정도 세워달라고 하는 게 안전합니다. 보증인을 세우는 방법은 계약서에 관련 내용을 추가로 적거나 따로 보증 계약서를 작성하면 됩니다.

그런데 보증인을 세우더라도 나중에 보증이 무효가 되는 상황이 발생할 수 있습니다. 보증인에게 보증 내용을 정확하게 설명하지 않았다면 보증 자체가 무효가 됩니다. 따라서 나중에 보증인에게 책임을 묻기 위해서는 보증 내용을 정확하게 설명하고, 그에 대해 확실한 동의를 받은 후 서명과 날인, 더 나아가 인감증명서까지 받아놓는 것이 좋습니다. 「민법」 제428조의

2에서는 '보증은 그 의사가 보증인의 기명날인 또는 서명이 있는 서면으로 표시되어야 효력이 발생한다. 다만, 보증의 의사가 전자적 형태로 표시된 경우에는 효력이 없다'라고 규정하고 있습니다. 서면에 의한 보증 의사의 확인을 요구하고 있는 것이죠. 그러므로 보증이 무효가 되는 상황을 예방하기 위해 서면으로 동의를 받아둬야 합니다.

재판을 피하고 싶다면
공정증서를 작성하자

●

돈을 돌려받지 못하면 법원에 소송을 제기해야 합니다. 소장을 써야 하고, 법원에 출석해야 하며, 승소 판결을 받은 후에도 채무자의 재산에 대한 강제집행 절차를 밟아야 합니다. 이러한 복잡한 소송 과정이 부담스럽다면 「민법」과 「민사집행법」에 따라 공정증서를 작성하면 됩니다. 공정증서란 계약서나 차용증 등에 공증인이나 법무법인의 공증을 받는 것입니다. 계약서, 도장, 신분증 등을 들고 가면 공증사무소에서 공증을 해줍니다.

공정증서가 있다면 굳이 소송을 할 필요가 없습니다. 보통 채무자의 재산을 경매에 부치려면 소송을 통해 판결문을 받고, 그 판결문에 집행문을 부여받는 절차를 밟아야 하는데요. 공정증서는 소송을 거치지 않아도 집행력이 있기 때문에 복잡한 소송 절차 없이 곧바로 강제집행을 할 수 있습니다.

돈 대신 물건을
가져와도 될까?

•

그렇다면 돈 대신 채무자의 물건을 가져오면 어떨까요? 법적으로 가능하기는 하나 좀 위험합니다. 「형법」 제23조는 자구행위(自救行爲)에 대해 '법정절차에 의한 청구권보전이 불가능한 경우에 그 청구권의 실행불능 또는 현저한 실행곤란을 피하기 위해 자력으로 구제하는 행위'라고 정의하고 있습니다. 즉 긴급한 상황이 인정된다면 스스로 자신의 권리를 찾을 수 있다는 뜻입니다.

그러나 자구행위는 국가의 도움을 받기 어려운 상황에서 특히 소송 등을 한다고 해도 실효성이 낮을 때만 가능합니다.

따라서 단지 편하다는 이유로 개인이 함부로 돈 대신에 물건을 가져오는 행위를 해서는 안 됩니다.

 법률상식 핵심 포인트

① 빌려준 돈이 적다면 바로 소장을 제출하기보다는 지급명령신청을 하는 것이 더 낫다.
② 3천만 원 이하의 단순한 사건에 한해서는 소액심판제도를 이용하는 게 유리하다.
③ 공정증서가 있다면 재판 없이 강제집행을 할 수 있다.

돈을 갚지 않으면 사기죄일까?

R씨는 요즘 도통 일이 손에 안 잡힙니다. 1년 전 친구에게 연 12%의 이자 지급 등을 조건으로 빌려준 1천만 원 때문입니다. 처음에는 이자를 잘 지급하던 친구는 사업이 어려워졌다며 연락이 두절된 상태입니다. R씨는 친구를 사기죄로 고소해야 할지 고민입니다.

사기죄는 다른 사람을 속여 재산적인 이익을 취하는 범죄입니다. 「형법」 제347조는 타인을 기망해 착오에 빠지게 하고 그 처분 행위로 재산적 이득을 얻을 시 사기라고 규정하고 있습니다. 그런데 사기죄는 생각보다 성립되기가 힘듭니다. 우리나라에서 돈을 빌려주고 갚지 않은 사건 중 사기죄가 인정되어 기소된 경우는 약 20% 정도에 불과합니다. 즉 사기죄로 고소해도 10명 중 8명은 무혐의 처분을 받게 되는 것이죠.

사기죄 고소는
신중히 해야

●

사기죄가 성립되기 어려운 이유는 사기죄 성립 요건 중 '기망의 고의'가 인정되기 어렵기 때문입니다. 기망의 고의는 남을 속이려는 의도를 뜻하는데, 이 부분이 인정되려면 사기 범행을 저지른 시점에 속일 의도가 있었다는 것이 인정되어야 합니다. 범행 이후에 생긴 기망의 고의는 사기죄 성립에 아무런 영향을 주지 않습니다. 즉 돈을 빌릴 당시에는 갚을 의사가 있었는데 이후 갚지 못한 경우라면 사기죄가 성립하지 않습니다.

법원도 "차용금 편취에 의한 사기죄의 성립 여부는 차용 당시를 기준으로 판단해야 하므로, 피고인이 차용 당시에는 변제할 의사와 능력이 있었다면 그 후에 차용 사실을 전면 부인하면서 변제를 거부한다고 하더라도 이는 단순한 민사상의 채무 불이행에 불과할 뿐 형사상 사기죄가 성립한다고 할 수 없다"라고 판시한 바 있습니다.

그런데 처음부터 사기를 치려고 마음을 먹었는지, 아니면 정말 사정이 생겨 돈을 갚지 못하게 되었는지는 오직 돈을 안 갚은 사기범만 알 수 있습니다. 즉 사기범이 "저는 처음에는 돈을 갚으려고 했는데 어쩔 수 없이 갚지 못했다"라고 한다면 그 말의 진위를 밝히기 어렵습니다. 이 때문에 기망의 고의는 여러 정황 등을 종합해 판단하는 경우가 대부분인데요. 설사 R씨가 친구를 사기죄로 고소한다고 해도, 법원은 통상적으로 R씨의 친구가 이자를 몇 차례 지급한 사실을 근거로 특별한 사정이 없는 한 기망의 고의가 없다고 판단할 것입니다. 즉 이자를 몇 번 받았다면 사기죄로 고소하는 것이 어렵고, 반대로 사기죄로 고소당하고 싶지 않으면 이자를 몇 번이라도 줘야 하는 것입니다.

그러나 이자를 몇 번 받았어도 상대방이 돈을 빌릴 시점에 이미 많은 빚을 지고 있었거나, 빌린 돈을 갚을 능력이 되지 않는 등의 사정이 있다면 기망의 고의가 인정될 수 있습니다. 따라서 상대의 의도가 조금이라도 의심된다면 돈을 빌려줄 때 문서에 채무자의 재정 상태를 적시해놓는 것이 좋습니다. 고소의 핵심은 결국 갚을 의사와 갚을 능력이 있었는지 밝히는 데 달려 있으므로, 돈을 빌려간 상대방이 그 당시 갚을 능력이 없었다는 점을 구체적인 입증자료로 소명해야 합니다.

한편 서로 사귀는 연인관계였다면 사기죄 성립이 더 어렵습니다. 서로 좋아하는 감정에 의해 돈을 빌려준 경우이므로, 빌릴 당시 고의적으로 안 갚으려 했다는 점을 증명하기가 더 어렵습니다.

차용증을
반드시 챙기자

·

돈을 갚고 나면 후련한 마음이 들면서 긴장이 풀리게 됩니다. 그러나 돈을 갚을 때는 반드시 갚았다는 사실이 적혀 있는 영수증을 받아야 합니다. 그리고 자신이 전에 써준 계약서나 차용증 등을 돌려달라고 요구하는 일도 잊지 말아야 합니다. 종종 차용증을 돌려받지 않았다가 크게 손해를 보는 일이 생기기 때문입니다.

실제로 한 채권자가 돈을 갚은 채무자의 차용증을 다른 사람에게 양도한 사건이 있었습니다. 차용증을 넘겨받은 제3자는 채무자에게 "채권자로부터 당신이 갚을 돈이 있다는 내용의 채권을 넘겨받았기 때문에 나에게 돈을 갚아라"라며 소송을 할 수 있습니다. 이때 채무자는 돈을 갚았다는 사실을 여러 자료를 통해 증명해야 합니다. 채무자가 자신이 돈을 이미 갚았다는 점을 입증하지 못하면 돈을 또 갚으라는 판결이 날 수도 있습니다. 아무리 억울해도 법원 판결이 그렇게 나면 돈을 또 갚아야 합니다. 만약에 갚지 않으면 제3자는 법원에서 강제집행문을 받아 재산을 압류하는 조치를 취할 수 있습니다.

돈을 갚으려 하는데
받지 않는다면

●

만일 돈을 갚으려 하는데 채권자가 고의로 돈을 받지 않으면 어떻게 해야 될까요? 실제로 그런 일이 있을까 의문이 들지만,

세상에는 우리가 이해하기 어려운 상황이 종종 발생하기도 합니다. 이때는 상대가 나쁜 마음을 품고 있을 가능성이 큽니다. 실제로 더 큰 이익을 얻기 위해 일부러 돈을 받지 않을 수도 있다는 말입니다. 돈을 고의적으로 받지 않고 그것을 핑계로 부동산에 설정된 저당권을 실행하려는 의도가 있을 수도 있죠. 보통 저당권이 설정된 물건이 경매에 나오면 분쟁을 우려해 사려고 하지 않아 유찰되기 때문에 저당권자가 그만큼 헐값에 부동산을 살 수 있게 됩니다.

이때는 공탁으로 이러한 사악한 채권자를 피해갈 수 있습니다. 공탁이란 공탁소에 돈을 맡겨두는 행위로, 돈을 갚는 행위를 공탁으로써 대신하는 것입니다. 이 가운데 변제공탁은 다음의 3가지 상황에 처했을 때 이용하게 됩니다.

1. 채권자가 특별한 이유 없이 변제 수령을 거부할 때
2. 채무자가 채권자에게 변제하려고 했으나, 채권에 대한 가압류 명령이 존재해 돈을 갚을 수 없을 때
3. 채권자가 사망해 채무자가 누구에게 돈을 갚아야 되는지 알 수 없을 때

공탁을 하기 위해서는 공탁사무처리규칙이 정하는 사항을 적은 공탁서를 2통 작성해 공탁공무원에게 제출해야 하며, 이때 공탁통지서도 함께 첨부해야 합니다. 공탁공무원은 공탁을 수리하면서 공탁금납입서 또는 공탁유가증권기탁서와 함께 공탁을 수리한다는 취지가 적힌 공탁서 정본을 공탁자에게 교부합니다. 공탁자는 공탁물을 공탁물보관자에게 납입하고, 공탁물보관자는 담당 공무원에게 통지하게 됩니다.

⚖️ **법률상식 핵심 포인트**

① 채무자에 대한 사기죄 고소는 신중해야 한다.
② 돈을 빌려줄 때는 문서에 채무자의 재정 상태를 적시해놓는 것이 좋다.
③ 돈을 갚은 이후에는 반드시 자신이 전에 써준 계약서나 차용증 등을 돌려받아야 한다.

SECTION 05

분실한 신용카드를
누가 사용했다면?

S씨는 최근 팀원과의 회식 자리에서 지갑을 잃어버렸습니다. 꼼꼼히 찾아봤지만 도저히 찾을 수가 없어 신용카드 분실신고를 합니다. 그런데 카드사로부터 누군가 200만 원어치의 물건을 결제했다는 문자를 받게 됩니다. S씨는 이 일을 어떻게 해결해야 할지 걱정입니다.

지갑을 잃어버리면 가장 먼저 신용카드 분실신고부터 해야 합니다. 2016년부터는 신용카드 분실 시 거래하는 카드사 한 곳에만 신고하면 모든 카드사에서 일괄 신고되도록 바뀌었습니다(체크카드만 발급하는 우체국 등은 대상이 아닙니다). 고객센터에 직접 전화하거나 카드사 애플리케이션을 통해 간단하게 신용카드 분실신고를 할 수 있습니다.

분실신고를 했다면
걱정하지 않아도 된다

●

신용카드를 분실하거나 도난당한 뒤 신용카드 분실신고를 하면, 이후 사용된 카드대금은 카드사에서 책임져야 합니다. 신고일로부터 60일 전까지 부정사용된 금액에 대해서는 원칙적으로 카드사가 책임을 지지만, 다음의 5가지 사항에 해당된다면 본인도 일부 책임을 지게 됩니다.

1. 고의 부정사용
2. 신용카드 뒷면 미서명
3. 비밀번호 관리 소홀

4. 대여·양도

5. 정당한 사유 없는 신용카드 분실신고 지연

신용카드를 분실했다는 사실을 알게 되면 즉시 신고를 해야 합니다. 늦게 신고하면 신용카드 부정사용 금액의 일부를 보상받지 못하게 됩니다. 실제로 해외여행 중에 카드를 분실했으나 뒤늦게 귀국 후에 신고한 여행객이 부정사용 금액의 50%를 부담한 사례가 있습니다.

신용카드 뒷면에 하는 서명은 가맹점이 본인 여부를 확인하는 주요 근거가 됩니다. 서명이 되어 있지 않으면 본인의 책임이 크게 인정되어 부정사용된 금액에 대해 책임을 지게 될 수 있습니다. 따라서 신용카드를 발급받으면 즉시 뒷면에 본인의 서명을 해야 하며, 실제로 결제할 때도 해당 서명과 동일한 서명을 사용해야 합니다.

비밀번호를 사용하는 현금 인출, 전자상거래 등은 소비자에게 비밀번호 누설의 과실이 없어야 합니다. 만일 비밀번호를 생년월일이나 전화번호 등으로 설정했다면 보상을 받을 가능성이 낮아질 수 있는 것이죠. 또 아내가 남편의 신용카드를 사용하는 등 대여나 양도한 사실이 밝혀지면 보상 대상에서 제외

될 수 있습니다. 신용카드는 개인의 신용을 바탕으로 본인만이 사용할 권리가 있기 때문입니다.

카드사는 사용액이 약 100만 원이 넘어가면 50% 정도의 보상을 해주고 있는데, 이는 법에 정해진 것이 아니라 카드사 내부 규정에 따른 것입니다. 본인의 과실이 없는 경우에는 전액 보상이 가능하므로 귀책사유를 꼼꼼히 따져봐야 합니다. 카드사의 피해 보상 결과에 이의가 있다면 금융감독원에 분쟁조정을 신청할 수 있습니다.

카드사의 보상과 별개로 최종적인 피해 보상 책임은 카드를 부정사용한 자에게 있습니다. 습득한 신용카드를 권한 없이 사용한 자는 신용카드 부정사용죄와 사기죄가 성립하고, 현금인출기에서 현금을 인출한 경우에는 절도죄도 성립합니다. 따라서 피해 보상을 제대로 받기 위해서는 카드사로부터 부정사용된 장소와 사용 시각을 알아내어 경찰서에 절도범을 신용카드 부정사용죄로 고소하는 절차가 필요합니다. 조사 날짜가 정해지면 경찰서에서 연락이 오고, 1회 방문해 1~2시간 정도의 시간을 들여 고소인 진술조서를 작성하면 됩니다. 이후 부정사용자를 검거하게 되면 사용한 액수에 해당하는 민사상 책임뿐만 아니라 정신적 위자료까지도 청구할 수 있습니다.

법률상식 핵심 포인트

① 신용카드 분실신고 이후에 사용된 카드대금은 카드사에서 책임져야
  한다.
② 부정사용죄로 고소 시 사용한 액수에 해당하는 민사상 책임뿐만 아니라
  정신적 위자료까지도 청구할 수 있다.
③ 분실한 본인에게도 과실이 있다면 카드사와 책임을 분담한다.

이런 변호사는
꼭 피하세요!

1. 이해하기 어려운 말만 늘어놓는 변호사

법은 어렵습니다. 특히 해결책이 보이지 않는 법적 분쟁을, 판
례와 법률을 일반적인 언어를 통해 설명하기가 쉽지 않죠. 그
렇다고 해서 변호사가 의뢰인이 이해할 수 없는 어려운 말만
늘어놓는 게 옳은 걸까요? 굳이 내용을 길게 늘어트려 듣는 사
람을 헷갈리게 만든다면, 변호사 자신도 사실은 그 문제에 대
해 잘 모르고 있을 가능성이 있습니다. 정확하게 본질을 꿰뚫

고 있다면 어려운 말로 설명하지 않을 것입니다. 법률 언어가 어렵게 느껴지는 이유는 복잡한 의미를 짧게 줄여놓은 것이기 때문입니다. 변호사는 의뢰인이 쉽게 이해할 수 있도록 최대한 일상적인 표현으로 평이하게 설명해야 합니다. 법률 관련 지식을 굳이 길고 복잡하게 설명한다는 것은 스스로 해당 지식에 대해 자신이 없다는 뜻과 같습니다.

2. 승소를 장담하는 변호사

"반드시 이길 수 있습니다"라고 말하는 변호사는 의심할 필요가 있습니다. 변호사가 승소를 장담하면 다음의 3가지로 해석할 수 있습니다.

1. 사건이 정말 쉬워서 변호사 없이도 이길 수 있다.
2. 일단 수임부터 하고 싶다.
3. 열심히 해서 반드시 이기겠다.

아마 세 번째 해석이 대부분이겠지만, 간혹 첫 번째나 두 번째 입장에서 승소를 장담하는 변호사도 있으니 주의해야 합니다. 재판은 어디로 튈지 아무도 장담할 수 없습니다. 굵직한 사회적 이슈에 관해 언론사가 진행한 인터뷰를 보면 변호사마다 각양각색의 답변을 내놓는 것을 볼 수 있습니다. 하다못해 구속과 불구속 2가지의 선택지만 있어도 절반의 변호사는 구속, 나머지 절반의 변호사는 불구속 의견을 내놓습니다. 상황이 이런데 100% 이길 수 있다고 장담하는 것은 사실상 거짓말이라고 보면 됩니다.

3. 듣기 좋은 말만 하는 변호사

변호사를 찾아오는 의뢰인의 눈은 대개 '간절함'으로 가득 차 있습니다. 적지 않은 돈을 들여 수임하려 하는데 좋은 말만 듣고 싶은 건 당연합니다. 그러나 달콤한 말은 듣기에는 좋을지 몰라도 법적 분쟁에서는 나쁘게 작용할 수 있습니다. 우리에게 필요한 변호사는 냉철하게 허점을 짚어 쓴소리를 골라 하는 변호사입니다. 승소를 위해선 사전에 의뢰인의 주장을 반박하고 허점을 파고 들어 "그래서?"라고 되묻는 변호사가 필요합니다. 상대방의 입장에서 당신의 주장을 논박해 승리를 가져올 수 있기 때문입니다. 물론 이런 변호사가 못마땅하게 느껴질 수도 있습니다. "도대체 누구 변호사야?"라고 따질 수도 있겠죠. 그러나 공격 쪽에 있다고 해서 방어 쪽의 논리를 생각하지 않거나, 방어 쪽에 있다고 해서 공격 쪽의 논리를 간과하면 100% 질 수밖에 없습니다. 달콤한 말보다 듣기 싫은 말을 하는 변호사를 선택하기 바랍니다.

4. 너무 바쁜 변호사

변호사는 대부분 바쁩니다. 사실 바쁘지 않은 변호사는 제대로 된 변호사가 아닐 가능성이 높죠. 성실하게 1~2년 사건 처리만 잘해도 좋은 소문이 나 바빠질 수밖에 없기 때문에, 법률사무소를 가보면 알겠지만 한가한 변호사는 찾아보기 힘듭니다. 자리에 앉아 있는 변호사도 법원에 제출할 서면을 쓰느라 눈코 뜰 사이 없이 바쁠 것입니다.

그러나 하루 종일 서면을 쓰거나, 하루 종일 법원에 나가 있는 변호사는 없습니다. 변호사도 사람이라서 밥을 먹고, 화장실을 가고, 커피도 마십니다. 즉 의뢰인이 무언가 요청했는데 하루 이상 지체한다면 그 변호사는 바쁜 것이 아니라 사건에 관심이 없는 것입니다. 시도 때도 없이 전화를 하거나 찾아가서 중요하지 않은 상황을 일일이 따져 묻는 의뢰인이라면 이야기가 달라지겠지만, 그렇지 않은데 어떤 요청을 바쁘다는 이유로 회피한다면 성실하지 못한 것입니다.

PART 5

호구 탈출을 위한
소송 노하우

'소송'이라는 말이 다른 세계의 단어처럼 느껴지고, 자신과는 관계없는 남의 일처럼 느껴질 수 있습니다. 평생 소송과 얽히지 않는다면 좋겠지만 세상 일이 자기 뜻대로만 되지 않기에, 우리는 때때로 재판을 통해 시시비비를 가리고는 합니다. 아무런 문제가 없는 상황에서 당장 누군가를 고소하기 위해 벼를 필요는 없지만, 혹시 모를 손해를 보지 않기 위해 최소한의 준비는 해둘 필요가 있습니다. 약간의 법률상식만 알아두면 억울한 상황을 예방하고 승소 확률을 높일 수 있으니까요. 이번 장에서는 변호사 없이 혼자서 소송할 수 있는 셀프 소송 노하우를 비롯해 고소장 작성법과 의료사고에 대처하는 방법 등 다양한 법적 분쟁에 대처하는 방법을 알아보겠습니다.

허변의 놓치면 호구 되는 최소한의 법률상식

변호사 없이도 가능한
셀프 소송 노하우

T씨는 5년 전 친구에게 1,200만 원을 빌려줬습니다. 그런데 5년째 돌려받지 못하고 있습니다. "나도 이제 더는 못 기다려줘"라고 말했지만 "이번 일만 해결되면 진짜 갚는다니까?"라는 답변만 돌아올 뿐입니다. 더 이상 대화로는 해결될 기미가 보이지 않아 답답하기만 한 T씨. 소송을 하고 싶은 마음은 굴뚝같은데 재판을 해본 적이 없어 어떻게 해야 할지도 모르겠고, '그래도 친구인데 소송까지 해야 하나?'라는 생각도 듭니다. 특히 재판에서

이겨도 돈을 받지 못하는 경우가 빈번하다는 이야기를 들어 고민이 깊어집니다.

법원과 관련된 일은 늘 어렵고 복잡하게 느껴지죠. 그래서 억울한 일을 당해도 혼자서 소송을 하려고 하면 두려움이 앞섭니다. 그러나 대법원의 '나홀로소송' 사이트(pro-se.scourt. go.kr), 대한법률구조공단 사이트(www.klac.or.kr)를 참고하면 누구나 쉽게 셀프 소송이 가능합니다. 물론 법리적으로 복잡한 경우라면 변호사를 선임하는 것이 좋겠지만, 크게 어렵지 않은 소송이라면 충분히 혼자서도 진행할 수 있습니다. 민사소송을 기준으로 살펴보겠습니다.

나홀로 소송, 어렵지 않다

•

소송은 원고의 소장 접수부터 시작됩니다. 소장은 청구취지(청구를 구하는 내용과 범위), 청구 이유(왜 청구를 하게 되었는지와 권리 등에 대한 설명), 인지액과 송달료 영수증 등을 붙여서 제출합니다.

소 장

원고   T씨(940311-1******)

　　　　대전 서구

피고   ○○씨(940710-2******)

　　　　충남

대여금 등 청구의 소

청 구 취 지

1. 피고는 원고에게,

　가. 12,000,000원과 그중 4,000,000원에 대하여는 2023. 4. 1.부터, 8,000,000원에 대하여는 2023. 4. 15.부터 각 이 사건 소장 부본 송달일까지는 연 5%의, 그다음 날부터 갚는 날까지는 연 12%의 각 비율로 계산한 돈을,

　나. 3,350,000원과 이에 대하여 이 사건 소장 부본 송달 다음 날부터 갚는 날까지 연 12%로 계산한 돈을

　각 지급하라.

2. 소송비용은 피고가 부담한다.

3. 제1항은 가집행할 수 있다.

　라는 판결을 구합니다.

소장을 제출하면 법원은 그 소장을 피고에게 송달합니다. 만약 피고가 소장을 받지 못하면 법원은 원고에게 보정명령서를 보내는데, 이는 피고의 주소를 다시 수정하라는 것입니다. 그러면 원고는 피고의 주소를 수정해 법원에 다시 보내거나 특별송달 신청을 합니다. 특별송달은 야간송달·공시송달 등으로 피고에게 소장을 전달하는 과정을 의미합니다.

피고가 소장을 받으면 한 달 이내에 답변서를 작성해 제출해야 합니다. 만약 답변서를 제출하지 않으면 법원은 재판을 열지 않고 판결을 선고할 수 있습니다. 이를 무변론 판결이라 합니다. 이처럼 소장을 무시하게 되면 재판에서 그냥 패소하는 일이 발생합니다. 피고가 답변서를 보내면 법원은 이를 다시 원고에게 보내고, 이후 원고와 피고는 각자 준비서면 등을 보내 서면으로 공방을 진행합니다. 이 과정에서 법원은 1회 변론기일을 지정합니다. 변론기일에는 원고와 피고, 변호사들이 출석해 변론을 하는데, 원고는 소장의 내용과 왜 피고에 대해 그러한 주장을 하는지 진술합니다. 반대로 피고는 원고의 주장이 왜 잘못되었는지 등을 진술할 것입니다.

민사소송은 한 번에 끝나는 경우는 많지 않습니다. 변론기일이 2~3회 더 지정되면서 원고와 피고의 주장이 명확해지고,

민사소송 과정

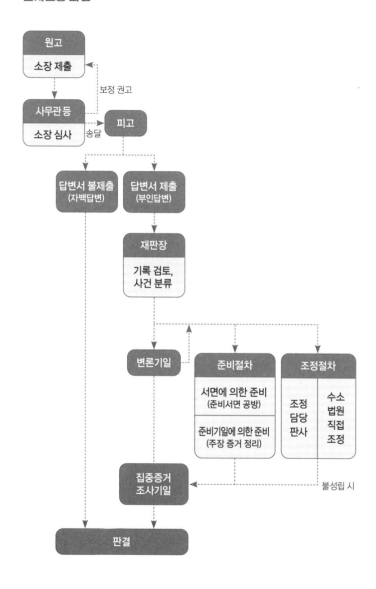

어떤 점이 문제인지 선명하게 드러나게 됩니다. 변론이 충분히 진행되면 변론을 끝내는 변론종결 단계가 됩니다. 이후 2주 정도 지나면 판결을 선고하는데, 만약 변론종결 이후 새로운 증거가 발견되거나 기존에 제출한 증거라 해도 재판부가 좀 더 조사할 필요가 있다면 다시 변론을 열어 심리를 계속할 수 있습니다. 판결이 선고되면 원고나 피고는 상급법원에 항소 혹은 상고할 수 있습니다.

참고로 기본적으로 모든 소송은 피고의 주소지를 관할하는 법원에 소장을 제출해야 합니다. 만약 피고가 법인이라면 법인이 위치해 있는 곳 또는 주된 영업소가 있는 곳의 법원에 소장을 내도 됩니다. 그런데 어떤 경우 피고의 주소지뿐만 아니라 원고의 주소지, 사건 발생지의 법원도 소송을 관할할 수 있습니다. 대표적으로 돈을 갚으라는 소송인 금전 지급소송은 원고의 주소지 법원에 소장을 제출해도 됩니다. 부동산에 관한 소송은 부동산이 위치한 지역의 법원에 제기하면 되고, 누구를 폭행하는 등 불법행위에 대한 소송은 그 불법행위가 발생한 지역의 법원에 제기할 수 있습니다.

한편 관할에 상관없이 소장을 받았다면, 그 소장에 별다른 이의 없이 답변서를 제시하면 해당 법원에 관할권이 생깁니다.

예를 들어 서울에 사는 A씨가 부산에 사는 B씨에게 돈을 빌려 줬는데 이를 갚지 않자 A씨가 갚으라고 닦달했고, 화가 난 B씨가 마침 인천에 있는 모임에서 만난 A씨를 폭행했다고 가정해 봅시다. 기본적으로 피고인 B씨가 사는 지역인 부산에 관할이 있지만, 금전 청구이므로 A씨의 주소지인 서울에도 관할권이 생깁니다. B씨가 A씨를 폭행한 장소가 인천이니 인천도 관할이 생깁니다.

그런데 만약 A씨가 서울·인천·부산이 아닌 대전지방법원에 소송을 제기했다면 어떻게 될까요. 원칙대로라면 대전에서 제기한 소송은 관할을 위반한 것입니다. 다만 B씨가 "관할을 위반하였습니다"라고 답변하지 않고 "A씨 돈을 갚았습니다"라고 답변했다면, 그때 비로소 대전에 관할권이 생기는 것이죠.

승소해도 돈을 안 준다면
어떻게 해야 할까?

•

결국 판결에서 이긴 T씨는 친구에게 다시 돈을 갚으라고 요구합니다. 하지만 친구는 "판결과 관계없이 나는 돈을 갚을 생각이 없다"라며 버티기에 들어갔습니다. 상대가 소송 결과에 승복하지 않고 돈을 주지 않는다면 T씨는 어떻게 대처해야 할까요?

판결이 났는데도 빌려준 돈이나 치료비, 위자료를 주지 않는다면 어쩔 수 없이 밟아야 하는 절차가 있습니다. 바로 강제 집행 절차입니다. 강제집행을 위해서는 먼저 집행권원과 집행문이 필요합니다. 집행권원은 확정판결문, 지급명령서, 공정증서 같은 것인데, 해당 문서를 보면 '강제집행할 수 있다'라는 문구가 있습니다. 집행문을 받으려면 집행권원을 들고 법원에 신청서를 제출하면 됩니다. 그러면 법원은 집행문이 적혀 있는 판결문 등을 돌려줍니다. 보통 판결문 뒤에 'ㅇㅇ에 대한 강제집행을 실시하기 위해 ㅇㅇ에게 부여한다'라는 취지가 적힌 문서를 첨부해 줍니다. 이 집행문을 가지고 이후 본격적으로 강제집행을 하게 됩니다. 법원에서 강제경매를 결정하게 되면 해당 부동산은 경매에 붙여지게 됩니다. 여기서 부동산이 매각되면 순서에 따라 채권자 등이 돈을 배당받게 됩니다.

강제집행하려는 상대방의 재산이 부동산이나 채권이라면 법원에 강제집행을 신청하면 되고, 유체동산(가재도구나 집기 등의 물건)이라면 집행관에게 강제집행을 신청하면 됩니다. 부동산에 대한 강제집행 시 따로 부동산 강제경매신청서와 함께 경매 예납금도 내야 합니다. 확보된 부동산을 경매의 형태로 현금화하기 때문이죠. 특히 첨부해야 하는 서류 중 부동산 목록은 수십 통을 요구할 수도 있기 때문에 법원에 미리 확인하는 과정이 필요합니다. 법원에서 강제경매를 결정하면 해당 부동산은 우리가 흔히 이야기하는 경매에 부치게 됩니다. 여기서 부동산이 매각되면 순서에 따라 채권자 등에게 배당됩니다.

채권에 대한 강제집행은 보통 채무자의 예금이나 월급, 임대보증금 등을 강제로 확보하는 것을 말합니다. 즉 채무자가 누군가에게 돈을 받아낼 권리가 있다면 채권자가 그러한 권리를 가져오는 것을 말합니다. 예를 들어 채무자가 회사를 다니면서 월급을 받고 있다면 채권자는 채무자의 회사(제3채무자)가 채무자에게 지급하는 월급에서 자신이 받을 돈을 가져오는 것이죠. 예금에 대한 강제집행은 채무자가 은행(제3채무자)으로부터 받을 수 있는 예금채권을 강제로 가져오는 것이고, 임대보증금에 대한 강제집행은 채무자가 임대인으로부터 받을 수 있는 임대보증금을 대신 가져오는 것을 말합니다.

이러한 채권에 대한 강제집행은 먼저 판결문 등 집행권원에 집행문을 부여받은 뒤 '채권압류 및 추심명령 또는 전부명령'을 법원에 신청하면서 시작됩니다. 추심명령은 월급 등을 대신 수령하는 경우에 사용하고, 전부명령은 월급에 대한 권리를 모두 이전시킬 때 사용합니다.

유체동산 강제집행 시에도 당연히 집행문을 받아야 하는데, 다른 강제집행과 달리 집행관에게 강제집행을 신청합니다. 그러면 집행 날짜가 정해지고, 강제집행 시 우리가 흔히 '빨간 딱지'라고 부르는 것을 채무자의 유체동산에 붙이는 형태로 진행됩니다. 이후 보름 정도 후에는 빨간 딱지가 붙은 물건의 경매를 진행하게 되고, 채권자는 그 낙찰대금에서 돈을 회수하면 됩니다.

상대방이
재산을 숨긴다면

•

채무자의 재산이 어느 정도인지 모른다면 재산관계 명시신청을 하면 됩니다. 이때 신청서와 함께 집행문이 부여된 판결정본, 집행문이 부여된 판결사본, 송달 및 확정증명원 등을 함께 내야 합니다. 법원은 채무자에게 재산목록을 제출하라는 명령을 내리게 되는데, 이때 법원은 직접 채무자를 법정에 불러서 재산이 어떤 것인지 진술하게 합니다. 그럼에도 대부분의 채무자는 재산내역을 제대로 진술하지 않습니다. 이 경우 재산조회 신청을 통해 강제적으로 채무자의 재산을 파악할 수 있습니다. 상대가 아무리 꽁꽁 숨기려 해도 법원이 강제적으로 재산내역을 파악해줄 것입니다.

⚖️ 법률상식 핵심 포인트

① 대법원의 '나홀로소송' 사이트, 대한법률구조공단 사이트를 참고하면 누구나 쉽게 셀프 소송이 가능하다.
② 판결이 났는데도 빌려준 돈이나 치료비, 위자료를 주지 않는다면 강제집행 절차를 밟으면 된다.
③ 채무자의 재산이 어느 정도인지 모른다면 재산관계 명시신청을 하면 된다.

녹음만 잘해도
승소 확률이 높아진다

U씨는 기술개발팀장이 경쟁회사 임원과 저녁식사를 하는 장면을 목격했습니다. 최근 회사 기밀이 경쟁회사로 넘어간 일이 있었고, 가뜩이나 기술개발팀장이 기밀을 유출했다는 소문이 사내에 떠돌고 있던 참이었죠. U씨는 소형녹음기를 몰래 기술개발팀장의 사무실에 설치했습니다.

녹음은 단언컨대 현존하는 증거 수집방법 중 최고의 효과를 지녔다고 볼 수 있습니다. 스스로를 지키는 가장 강력한 무기는 첫 번째도 녹음, 두 번째도 녹음입니다. 문서에서는 보이지 않는 실제 사건의 분위기와 배경이 낱낱이 녹음파일에 담겨 있기 때문입니다. 핵심 증거가 담긴 녹음파일은 다른 모든 증거를 압살할 만큼의 파괴력을 지닙니다.

실제로 재판 중 상대방이 '제가 책임을 지겠습니다'라고 의뢰인이 직접 쓴 문장이 적힌 서류를 제출해 곤경에 처한 적이 있습니다. 다행히 의뢰인이 서류를 작성하던 당시의 상황을 녹음했고, 해당 녹음파일에 상대방이 "책임을 지겠다고 적어달라"라고 회유하는 내용이 들어 있었습니다. 당연히 녹음파일의 증거력이 문서보다 셀 수밖에 없었죠. 이처럼 녹음파일로 인해 재판의 결과가 뒤바뀌는 일이 비일비재하게 벌어집니다.

대화에 참여하고 있다면
동의 없이 녹음해도 된다

∙

그런데 모든 녹음파일을 증거로 사용할 수 있을까요? 그렇지 않습니다. 사생활을 침해할 우려가 있기 때문에 매우 한정적인 상황에서만 녹음을 정당한 증거로 활용할 수 있습니다. 법원에서는 대화에 직접 참여한 당사자가 녹음한 경우에만 해당 녹음파일을 증거로 인정합니다. 따라서 설사 U씨가 몰래 설치한 녹음기로 비리를 포착한다 해도 해당 녹음파일은 증거로 활용하지 못할 것입니다.

대화의 당사자로 참여하지 않고 몰래 녹음했다면 이는 현행법을 위반한 것이고 증거로 사용할 수 없는 것이죠. 「통신비밀보호법」 제14조는 '누구든지 공개되지 아니한 타인 간의 대화를 녹음하거나 전자장치 또는 기계적 수단을 이용하여 청취할 수 없다'고 규정하고 있습니다. 처벌도 상당히 무거운데요. 적발될 경우 1년 이상 10년 이하의 징역형에 처해질 수 있습니다.

"대화를 녹음하고 싶다면 항상 상대방의 동의를 얻어야 하는 건가요?"라고 물을 수도 있습니다. 아닙니다. 대화에 참여하고 있다면 동의 없이 몰래 녹음해도 됩니다. 또 수십 명이 모인 장소에서 자신이 사람들과 대화를 나누고 있는 상황이라면 해당 모임의 대화를 녹음하는 것도 동의 여부에 상관없이 가능합니다.

법이 금지하고 있는 동의 없는 녹음은 녹음한 이가 대화에 참여하고 있지 않았을 때뿐입니다. 이러한 상황을 흔히 '도청'이라고 하죠. 최근 자주 문제되고 있는 상황이 U씨처럼 상대방의 범죄를 입증하기 위해 몰래 도청하거나, 바람을 피운 배우자를 의심해 몰래 녹음기를 설치한 경우입니다. 모두 「통신비밀보호법」에 위배되는 행위죠.

외국도 몰래 도청하는 것은 엄격하게 처벌합니다. 워터게이트 사건이 대표적인 케이스입니다. 미국의 닉슨 행정부는 베트남전에 반대 의사를 표명한 민주당을 감시하기 위해 몰래 민주당사에 도청기를 설치했고, 우연히도 이 불법 도청이 발각되어 닉슨 대통령은 스스로 사퇴하게 됩니다.

그런데 2024년 2월 대화의 당사자가 아닌 제3자가 녹음한 파일의 증거능력이 인정된 판결이 나옵니다. 웹툰작가 주호민 씨의 사건인데요. 주호민 씨는 장애를 가진 아들을 교사가 정서적으로 학대하고 있다는 생각에 몰래 녹음기를 아들의 가방에 넣습니다. 기존의 판례에 따르면 이는 제3자가 행한 일종의 '도청'에 해당합니다. 그러나 법원은 "장애로 인해 피해자는 스스로는 방어할 능력이 없었고 녹음이 유효·적절한 수단으로 보인다"는 취지로 제3자의 몰래 녹음은 「통신비밀보호법」을 어긴 것이 맞지만 위법성이 없어 녹음파일을 증거로 사용할 수 있다고 판단합니다. 1심 법원의 판단이기는 하나 기존에 없던 새로운 견해를 법원이 밝힌 것입니다.

한편 최근 대법원은 가사재판에서 배우자의 '불륜'을 확인하기 위해 제출된 음성파일에 대해 증거능력이 없다고 판단했습니다. 그동안 형사재판과 달리 민사나 가사재판의 경우 몰래 녹음된 파일도 "상대방 동의 없이 증거를 취득했다는 이유만으로 증거능력이 없다고 단정할 수 없다"고 판단한 바 있습니다. 그러나 대법원은 동의 없는 통화 녹음은 증거능력이 없다고 입장을 변경했습니다.

녹음기능을 설치한
CCTV도 불법일까?

•

주차장에서 차 사고가 빈번하게 발생하자 관리단 측은 누구의 잘못인지를 확인하기 위해 CCTV를 설치했습니다. 그런데 주차장이 너무 어두워 화면이 잘 보이지 않았습니다. 관리단은 소리가 녹음되면 누가 먼저 브레이크를 밟았는지 알 수 있을 것 같아 CCTV에 녹음기능을 설치했습니다. 이러한 녹음은 합법일까요, 불법일까요? 답을 알려드리면 이는 명백한 불법입니다.

CCTV는 소리를 녹음하지 못하도록 법에 규정되어 있습니다. 「통신비밀보호법」에 따르면 대화 당사자가 아닌 이가 타인의 대화를 녹음하는 것은 금지되어 있습니다. 또 「개인정보 보호법」 제25조에는 '영상정보처리기기운영자는 영상정보처리기기의 설치 목적과 다른 목적으로 영상정보처리기기를 임의로 조작하거나 다른 곳을 비춰서는 아니 되며, 녹음기능은 사용할 수 없다'라고 명시되어 있습니다. 여기서 영상정보처리기기란 CCTV를 뜻합니다. 즉 CCTV가 소리를 녹음한다면 법을 정면으로 위반하는 것이죠.

이렇다 보니 CCTV에 녹음기능을 설치해 처벌을 받는 경우가 심심치 않게 발생합니다. 실제로 경기도의 한 아파트 관리소장은 사무실에 온 사람들이 자신의 명예를 훼손한다며 관리사무소 안에 녹음기능이 있는 CCTV를 설치했고, 이후 적발되어 징역 6개월에 집행유예 1년을 선고받았습니다.

참고로 사고가 났다고 해서 CCTV를 곧바로 확인할 수 있는 것은 아닙니다. CCTV는 일정한 공간에 설치해 지속적으로 촬영하는 장치로, 설치 시점부터 불특정 다수의 모습을 동영상으로 남기기 때문에 개인의 사생활을 침해합니다. 따라서 CCTV를 함부로 보여주는 행위는 사생활 침해를 넘어선 「개인 정보 보호법」 위반에 해당합니다. 범죄 피해자라면 경찰에 신고하고 경찰의 도움을 받아 CCTV를 확인할 수 있습니다. 만약 아파트에서 사고가 난 경우라면 「공동주택관리법」에 따라 CCTV 확인이 가능합니다. 「공동주택관리법」에 의해 아파트 입주민은 자신이 입주민임을 증명하거나 범죄 피해자임을 알린 후 CCTV를 열람할 수 있습니다.

대화 전체가 아니라
일부만 녹음되어 있다면?

•

녹음파일에 대화 전체가 녹음되어 있다면 당연히 증거로 사용할 수 있습니다. 그런데 만약 대화 전체가 아니라 일부만 녹음되어 있다면 어떻게 될까요? 실제로 재판 중에 전체 녹음파일이 아니라 일부만 제출되면, 상대방 측은 녹음파일 원본을 제출해야 한다고 주장해 공방이 벌어지곤 합니다. 자신에게 유리하게 녹음파일을 편집했을 수 있기 때문이지요. 실제로 자살방

조 여부를 따지는 사건에서 한쪽의 일방적인 목소리만 녹음된 녹음파일의 신빙성이 낮다며 증거로 인정되지 않은 사례가 있습니다.

 법률상식 핵심 포인트

① 핵심 증거가 담긴 녹음은 가장 강력한 무기가 된다.
② 대화에 직접 참여한 당사자가 녹음한 경우에만 증거로 인정된다.
③ 대화 전체가 아니라 일부만 녹음되어 있다면 증거로 인정되지 않을 수 있다.

고소장 작성도
어렵지 않다

평소 개인적인 앙금이 있다는 이유로 지인에게 폭력을 당한 V씨. V씨는 상대로부터 치료비는커녕 사과조차 받지 못해 화가 났습니다. 하지만 잔뜩 흥분한 상태에서 고소장을 쓰려니 도통 뭐가 뭔지 잘 모르겠습니다. 멀뚱멀뚱 고소장을 바라보며 '학교에서 고소장 쓰는 법 같은 건 왜 가르쳐주지 않는 걸까?' 하는 생각이 들었습니다.

허변의 놓치면 호구 되는 최소한의 법률상식

고소란 보통 범죄 피해자가 수사기관에 가해자를 처벌해달라는 의사를 표현하는 것입니다. 언제, 어디서, 어떠한 범죄를, 누구에게, 왜 당했는지 정확하게 알고 이를 고소장에 적어야 합니다. 고소장이 수사기관에 접수되면 그때부터 형사 절차가 시작되는 것이죠.

고소장은 신중하게 써야 합니다. 만약 중요한 사실을 누락하거나, 불리한 사실을 적거나, 내용이 복잡해 수사기관이 도저히 수사할 수 없게 만들면 상대방에게 무혐의라는 선물을 주게 됩니다. 상대방을 기세등등하게 만들 수 있는 것이죠. 고소장은 상대방의 범죄를 수사기관이 쉽게 이해하고 조사할 수 있도록 도와주는 역할을 해야 합니다.

고소장도
쓰는 방법이 있다

●

고소장의 핵심은 '사건의 구체적인 발생 및 피해 상황의 요약'입니다. 왜 사건이 발생했고, 어떻게 진행되었는지를 시간 순서대로 명확하게 써야 합니다. 의외로 고소장의 상당수가 시간

고 소 장

1. 고소인

성명		주민등록번호	
주소			
직업		사무실 주소	
전화			
이메일			

2. 피고소인

성명		주민등록번호	
주소			
직업		사무실 주소	
전화			
이메일			

3. 고소 취지
4. 고소 이유
5. 증거자료

년   월   일

고소인 (인)

_____ 경찰서 귀중

허변의 놓치면 호구 되는 최소한의 법률상식

에 상관없이 '의식의 흐름'에 따라 작성됩니다. 물론 경찰이 고소장을 자세히 읽어보기는 하겠지만, 횡설수설하는 고소장은 아무래도 신경을 덜 쓸 수밖에 없습니다.

"고소장을 쓰려면 냉탕에 다녀오라"라는 말이 있습니다. 그만큼 흥분을 가라앉히고 차분한 상태에서 써야 된다는 말이죠. 사실 고소장을 쓰다 보면 사건이 발생한 순간이 생각나서 또다시 흥분할 수 있습니다. 그러나 이런 상태에서 쓴 고소장은 오히려 독이 됩니다.

우선 고소장의 시작 부분에서는 자신과 상대방의 관계를 밝히는 것이 좋습니다. 이를 통해 사건이 왜 일어났는지 전체적으로 파악할 수 있습니다. 상대방에 대한 언급도 필요한데, 상대방이 왜 범죄를 저질렀는지 그 배경을 대략적으로 설명해주기 위해서입니다. 수사기관이 상대방에게 연락해 경찰 출석을 요구해야 하기 때문에 이름과 전화번호를 써주는 것이 좋습니다. 이름을 몰라도 이메일이나 전화번호만 안다면 상대방을 찾는 것이 가능합니다.

또한 범죄 상황을 설명할 때 표나 그림을 이용할 수 있다면 반드시 활용하도록 합시다. 가능하면 사진이나 CCTV 화면 캡처 자료 등 시각적인 증거를 고소장 본문에 넣는 게 좋습니다.

증거목록으로 뒤에 따로 첨부해도 좋지만, 본문 중 관련 있는 부분에 시각 자료를 보여주면 아무래도 수사기관이 내용을 파악하는 데 더 도움이 됩니다.

무엇보다 범죄 상황을 구체적으로 기록해야 합니다. 불필요하게 보이더라도 육하원칙에 따라 되도록 모든 내용을 다 써주는 것이 좋습니다. 주어를 생략하지 말고 다 써주며 시간도 누락해서는 안 됩니다. 예를 들어 '갑자기 오더니 얼굴을 때렸다'라기보다 '○○씨가 2024년 1월 10일 15시쯤 마포역 지하철 입구에서 갑자기 욕을 하며 내 얼굴을 주먹으로 두 대 쳤다'처럼 상세하게 작성해야 합니다.

하지만 반대로 너무 상세하게 적어 지나치게 양이 많아지면 안 됩니다. 경찰이 매일 검토해야 할 고소장이 산더미인지라 고소장은 구체적이면서도 간결하게 핵심만 적는 것이 좋습니다. 특히 억울하다는 내용을 너무 많이 적으면 고소장의 핵심이 무엇인지 파악하기가 어렵습니다. 고소장은 상소문이 아닙니다. 최근에 '혀를 깨물고 죽으려고 했다'라며 억울함을 호소한 고소장을 본 적이 있는데, 이런 식의 접근은 양만 늘어날 뿐 큰 효과를 기대하기가 어렵습니다.

참고로 고소장은 보통 상대방 주소지에 위치한 경찰서나

검찰청에 직접 제출하면 됩니다. 시간이 없다면 경찰서 민원실 등에 우편으로 보내는 방법도 있습니다.

신속한 처리를 바란다면

●

고소장은 보통 상대방의 주소지에 위치한 경찰서에 낸다고 알고 있습니다. 틀린 말은 아닙니다. 고소장을 접수한 경찰은 피고소인과 범죄 혐의 등을 확인해 스스로 수사를 하거나 검찰이나 고위공직자범죄수사처에 사건을 보냅니다. 이렇게 경찰에서 다른 수사기관으로 사건을 보내는 것을 '이첩'이라고 하는데, 이첩에는 상당한 기간이 소요됩니다. 경찰에 고소장을 접수해도 상관은 없지만, 신속한 처리를 원한다면 피의자와 범죄 종류에 따라 달리 접수하는 것이 효율적입니다.

2021년부터 수사기관 간에 수사권 조정이 있었는데요. 부패범죄와 경제범죄 등 대통령령으로 규정된 범죄의 경우 검찰이 사건을 담당하고, 고위공직자의 범죄는 별도로 고위공직자범죄수사처에서 수사를 합니다. 또한 피의자에 따라서도 수사

수사기관별 차이

수사기관	대상자	범죄 유형
경찰	모든 사람	검찰, 공수처 수사 범죄를 제외한 일반 범죄
검찰	모든 사람	부패범죄, 경제범죄 등
고위공직자 범죄수사처	고위공직자	직권남용 등 공무원 범죄

를 담당하는 기관이 조금씩 다릅니다.

경찰에 고소장을 제출했을 때의 대략적인 흐름은 다음과 같습니다.

1. 경찰서에 고소장 제출

2. 경찰서에 방문해 고소인 진술조서 작성

3. 경찰은 피고소인을 소환해 피고소인 진술조서 작성

4. 경찰이 범죄 혐의가 있다고 판단할 경우 검사에게 사건 송치 또는 범죄 혐의가 없다고 판단할 경우 불송치(1차 수사종결권)

5. 검사는 송치된 사건에 대해 보완수사를 요구하거나 그대로 기소

6. 경찰이 불송치한 사건에 대해 고소인이나 피해자가 이의신청

허변의 놓치면 호구 되는 최소한의 법률상식

을 할 경우 증거물과 서류를 검사에게 송치

7. 검사는 약식기소, 정식기소, 불기소 등으로 최종 처분

8. 정식기소일 경우 형사법원에서 재판 진행

예전에는 경찰이 사건을 송치하면 검찰이 기소 또는 불기소 등 최종처분을 했는데, 지금은 경찰도 '불송치결정'이라는 1차 처분권을 가지게 되었습니다. 경찰은 범죄 혐의가 인정된 경우에만 송치하고 그렇지 않은 경우 '불송치결정'을 통해 자체적으로 종결할 수 있습니다. 고소인이나 피해자는 이 결정에 대해 '이의신청'을 할 수 있고, 이 경우 경찰은 사건을 검찰로 송치해야 합니다.

고소 후 사건 처리가 더디다면
전화로 경찰을 채근하자

●

고소를 하면 수사기관은 절차에 따라 진행합니다. 고소장, 고발장을 접수한 사법 경찰관은 규정에 따라 2개월 이내에 수사를 완료한 후 '송치' 결정 등을 해야 합니다. 검사가 범죄를 수

사할 때는 사건을 경찰에게 넘겨받은 날로부터 3개월 이내에 수사를 완료해 공소 제기 여부를 결정해야 합니다. 다만 3개월 이라는 기간은 무조건 지켜져야 하는 것은 아닙니다. 부득이한 사유가 있다면 사건 처리가 늦어질 수 있습니다.

그렇지만 형사사건은 시간이 지날수록 증거가 사라지고, 특히 증인의 기억력이 희미해질 우려가 있습니다. 별다른 증거 없이 증인의 증언에만 의존해야 하는 사건이라면 시간을 오래 끌수록 치명적입니다. 사건 처리가 지지부진한 것 같다면 반드시 수사기관에 신속하게 사건을 처리해달라고 요청해야 합니다. 그렇다고 열심히 일하는 수사기관을 시도 때도 없이 닦달하면 오히려 해가 될 수 있으니 분위기를 잘 보고 채근해야 합니다.

반대로 억울하게 고소를 당했다면

●

살다 보면 반대로 고소를 당하는 경우도 있습니다. 사기사건으로 고소를 당했다고 가정해봅시다. 일단 고소 내용을 파악하기 위해 상대가 제출한 고소장을 봐야 하는데, 경찰이 그냥 보

▶ 정보공개포털 사이트 화면. 정보공개신청을 통해 고소장 확인이 가능하다.

여주지는 않습니다. 이때는 정보공개신청을 통해 고소장을 확보해야 합니다. 정보공개신청은 인터넷 정보공개포털 사이트 (www.open.go.kr)를 이용하거나, 직접 경찰서 민원실을 방문해 신청하면 됩니다.

정보공개 청구 결과는 관련 담당부서에서 절차에 따라 처리되며, 신청한 날로부터 10일 이내에 결과를 받을 수 있습니다. 신청서를 적을 때는 정보 내용에 정보공개 대상인 고소장을 적고 추가로 사건번호, 경찰서, 담당 수사관 이름 등을 적으면 됩니다. 만약 비공개 결정이 되었다면 이의신청을 할 수 있습니다. 이의신청을 하면 다시 심사를 하고 7일 이내에 공개 여부를 알려줍니다.

'돈을 빌려줬는데 갚지 않고 있다'라는 내용의 고소장이라면 어떻게 해야 할까요? 법조문은 사기죄에 해당하는 이를 '사람을 기망해 재물의 교부를 받거나 재산상의 이익을 취득한 자'라고 규정하고 있습니다. 따라서 이러한 고소장을 받았다면 자신이 기망하지도 않았고, 이익을 얻은 적이 없다는 것을 주장해야 합니다.

기망이란 속인다는 뜻인데, 돈을 갚을 의사도 능력도 없으면서 돈을 갚겠다고 했기 때문에 의도적으로 속였다는 것이죠. 이러한 내용을 방어하기 위해서는 "돈을 빌릴 때는 갚으려고 했다"라고 주장해야 합니다. 무작정 갚으려고 했다는 주장은 큰 도움이 되지 않습니다. 돈을 빌릴 당시에는 갚을 능력이 있었다는 점, 즉 변제자력을 주장해야 합니다. 여기에 돈을 빌린 시점 이후에 벌어들인 수입을 함께 제시하면 수사기관에 변제자력이 있다는 점을 어필하는 데 유용합니다.

만약 중간에 이자 혹은 돈의 일부를 갚았다면 그 점도 분명하게 밝혀야 합니다. 일부라도 갚았다는 것은 변제자력이 있다는 것을 입증하는 가장 중요한 근거니까요. 참고로 모든 형사사건의 경우 피해자와의 합의가 상당히 중요합니다. 피해자의 피해 회복이 다 되었다면 처벌 수준이 낮아질 가능성이 높습니다.

 법률상식 핵심 포인트

① 고소장에는 왜 사건이 발생했고, 어떻게 진행되었는지를 시간 순서대로 명확하게 써야 한다.
② 사건 처리가 더디다면 수사기관에 사건을 신속하게 처리해달라고 요청해야 한다.
③ 반대로 고소를 당했다면 정보공개신청을 통해 고소장을 확보해야 한다.

SECTION 04

이혼할 때는
냉정해야 한다

W씨, X씨 부부는 서로를 천생연분이라 믿고 결혼했지만, 다툼이 잦아 결혼 생활이 순탄치 않았습니다. 연애 때는 몰랐던 상대방의 단점이 결혼 이후 크게 느껴져 사사건건 부딪쳤죠. 마침내 아내인 X씨가 이혼을 결심하자 남편 W씨는 "다들 이렇게 산다. 좀더 노력해보자"라며 합의이혼을 거절했습니다. 이때 아내 X씨가 이혼을 강행하고자 한다면 어떻게 해야 할까요?

결혼은 사랑하는 두 사람이 가정을 이루고 어려운 일도 사랑으로 극복하며 살아가자는 아름다운 약속입니다. 하지만 법적으로 보면 결혼도 엄연한 '계약'이죠. 결혼을 하면 부부는 동거하면서 서로 부양하고 협조해야 하며(「민법」 제826조), 정조를 지키고 자녀 양육비와 부부 공동생활에 필요한 비용을 함께 부담해야 합니다(「민법」 제833조, 제974조).

안타깝게도 항상 변함없이 서로를 사랑한다면 좋겠지만 다

혼인·이혼 건수 추이 ————————

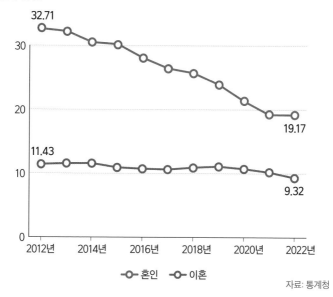

(단위: 만 건)

자료: 통계청

양한 이유로 이혼을 하는 경우가 많습니다. 2012년부터 2022년까지 이혼 건수는 11만 4,300건에서 9만 3,200건으로 감소 추세이긴 합니다. 2022년 근무일수가 주말과 공휴일 등을 제외하면 약 240여 일 정도이니, 하루에 대략 390쌍이 이혼을 한셈입니다. 특히 이혼한 부부 중 약 40% 정도는 20년 이상을 살다가 헤어지는 노년층입니다.

이혼의 방법은 크게 협의이혼과 이혼소송으로 나뉘는데, 양 당사자가 모두 이혼에 동의하고 양육권과 재산분할에도 이견이 없다면 협의이혼이 가장 신속하고 수월합니다. 그런데 이혼에는 동의했지만 양육권이나 재산분할에 대해 서로 생각이다르면 조정절차를 거치게 됩니다. 만약 조정과정에서도 의사가 합치되지 않으면 이혼소송으로 가게 되죠.

그나마 수월한
협의이혼

•

이혼을 마음먹었고 상대방도 동의한다면 굳이 변호사를 선임하지 말고 법원의 협의이혼 절차를 따르는 것이 좋습니다. 먼저 주소지 소재 법원에 부부가 함께 가서 협의이혼의사확인서를 제출합니다. 이혼하고자 하는 부부의 등록기준지 또는 주소지를 관할하는 가정법원에 부부가 함께 출석해 신청해야 합니다. 한 가지 주의할 점은 이 신청은 변호사 또는 대리인이 대신해줄 수가 없어 반드시 부부가 직접 해야 합니다. 만약 부부 중 한 명이 외국에 있거나 교도소에 수감 중인 경우에는 다른 한 명이 상대방도 협의이혼에 동의한다는 확인서 등을 가지고 혼자 출석해 신청서를 제출할 수 있습니다.

준비해야 할 서류가 많은데 먼저 협의이혼의사확인서를 작성해야 합니다. 그리고 부부 각자의 가족관계증명서, 혼인관계증명서, 주민등록등본 1통이 필요합니다. 만약 부부 중 한 명이 외국에 있다면 재외국민등록부등본 1통이 필요하고, 교도소에 수감 중이라면 재감인증명서 1통이 필요합니다. 또한 미성년인 자녀(임신 중인 자녀도 포함하되 법원이 정한 이혼숙려기간 이내에 성년에 도달하는 자녀는 제외)가 있는 부부는 이혼에 관한 안내를 받은 후 양육과 친권자 결정에 관한 협의서 1통, 사본 2통을 제출해야 합니다. 이때 부부가 함께 출석해 신청하고 이혼에 관한 안내를 받았다면 협의서는 확인기일 1개월 전까지 제출할 수 있습니다.

법원은 이혼 신청을 즉시 받아주는 것이 아니라 일정 기간 동안 다시 생각할 시간, 즉 이혼숙려기간을 줍니다. 자녀가 없는 부부라면 1개월, 자녀가 있는 부부라면 3개월의 시간이 주어집니다. 물론 이 기간을 더 줄일 수는 있습니다. 가정폭력이 이혼의 원인인 경우, 급하게 해외 출국할 사정이 있는 경우, 부부 중 재외국민인 사람이 있어 이혼 의사를 화인하는 데 오래 걸릴 경우에는 이혼숙려기간 단축이 가능합니다. 이러한 숙려기간이 지난 이후 법원에 다시 가서 협의이혼 의사를 명확하게 밝히면 이혼확인서를 발급받습니다. 이후 해당 등본을 행정관청에 신고하면 협의이혼이 마무리됩니다.

합의이혼이 어렵다면
이혼소송으로

•

한 사람만 일방적으로 이혼을 원한다면 이혼소송을 해야 합니다. 이때 이혼을 원하는 사람은 혼인 계약을 이행하지 못하는 상태가 된 법적인 이유를 제시해야 합니다. 물론 반드시 입증자료가 있어야만 하는 것은 아닙니다. 입증자료가 없어도 가사조사관의 조사 및 당사자의 정황 등을 고려해 혼인관계가 회복

불능 상태에 빠졌다고 판단하면 가정법원이 이혼 판결을 내릴 수 있습니다.

통상 이혼소송에서 한쪽의 의사로도 이혼이 가능한 경우는 다음과 같습니다.

1. 배우자가 부정한 행위(혼인 중 정조 의무에 위배되는 일체의 행위) 를 했을 때

2. 악의의 유기, 즉 배우자가 상대방 배우자를 내쫓거나, 가족을 버려두고 집을 나가버리거나, 상대방으로 하여금 집에서 나가지 않을 수 없도록 하는 경우. 또 부부 간 성관계를 장기간 거부하거나, 생활비를 지급하지 않는 경우

3. 배우자 또는 상대방 직계존속에게 심히 부당한 대우를 받았을 때

4. 자신의 직계존속이 배우자로부터 부당한 대우를 받았을 때

5. 배우자의 3년 이상 행방불명

6. 기타 이유로 혼인 생활을 지속하기 어려운 중대한 사유일 때

차례대로 살펴보겠습니다. 배우자가 부정한 행위를 저지른 사실을 이유로 재판상 이혼을 청구할 때는 주의할 점이 있습니

다. 부정한 행위를 인지한 날로부터 6개월, 부정한 행위가 있던 날로부터 2년 이내에 소를 제기해야 한다는 점입니다. 즉 배우자가 외도 사실을 고백해도 외도 시점이 2년 전이라면 이것을 이유로 이혼할 수 없습니다.

두 번째 사유인 '악의의 유기'란 동거 의무나 부양 의무 또는 협조 의무를 이행하지 않은 경우에 성립합니다. 남편이 정당한 이유 없이 배우자와 떨어져 살면서 생활비만 보내줬거나, 아내가 경제적 갈등 때문에 무단으로 가출했거나, 정당한 이유로 떨어져 살더라도 생활비를 보내주지 않는 경우 등이 있습니다.

배우자나 그 가족으로부터 부당한 대우를 받았을 때 재판상 이혼을 청구할 수 있는데요. 예를 들어 남편으로부터 심한 욕설을 들었을 때, 전치 10일 이상의 폭행을 당했을 때, 간통을 자백하라며 구타를 했을 때 등입니다. 또한 시아버지가 술을 마시고 며느리에게 폭언을 했거나, 시어머니가 며느리를 심하게 구박하고 억압하거나, 장인·장모가 사위를 무능하다며 지속적으로 홀대하고 폭행하는 경우도 재판상 이혼을 청구할 수 있습니다. 다만 세 번째 사유는 배우자나 그 가족이 원인이므로 시누이나 올케 간의 갈등 등 친족 간의 갈등은 여섯 번째 기타 사유를 들어 이혼 청구가 가능합니다.

허변의 놓치면 호구 되는 최소한의 법률상식

본인의 직계존속이 배우자로부터 받은 부당한 대우를 사유로 이혼을 청구할 수 있습니다. 예를 들면 시어머니를 구박하면서 밥을 주지 않고 굶기는 며느리, 장모를 폭행해 상처를 입힌 사위, 허위 사실로 장모를 고소한 사위 등에 대해서는 네 번째 사유를 들며 재판상 이혼을 청구할 수 있습니다.

다섯 번째 사유와 같이 과거 3년 이상 연락이 되지 않았고, 이혼 청구 시점에도 생사가 분명하지 않다면 재판상 이혼을 청구할 수 있습니다. 참고로 항공기 추락 등의 재난 때문에 생사 불명인 경우에는 그 시점으로부터 1년이 지난 후에 실종 선고를 하면 자동적으로 혼인이 해소됩니다.

여섯 번째 기타 사유는 일괄적으로 판단하기 어려운 혼인의 파탄 사유들이 모두 해당할 수 있습니다. 즉 사회 통념상 배우자에게 혼인 생활을 계속하도록 하는 게 어려울 정도로 혼인이 파탄된 경우라면 여섯 번째에 해당합니다. 판례가 인정하는 사유로는 다음의 예가 있습니다. 가계를 돌보지 않고 사교 모임에만 집중하는 경우, 지나친 낭비로 가계 곤란이 발생한 경우, 불치의 정신병이 생긴 경우, 부부 간의 애정이 상실된 경우, 성격 불일치의 경우, 극심한 의처증이 있는 경우, 수년간 계속된 별거가 발생한 경우, 심한 주벽 또는 알코올의존증이 있는 경우, 범죄 행위 및 실형 선고가 있었던 경우, 신앙의 차이로 극심한 반목이 생긴 경우, 자녀에 대한 정신적·육체적 학대 내지 모욕을 한 경우, 이유 없이 성교를 거부한 경우, 성적으로 불능 상태인 경우, 변태 성욕이 있는 경우, 성병 감염이나 동성연애자인 경우 등입니다.

참고로 사례에 해당한다고 해도 법원은 '혼인 생활의 계속을 강제하는 것이 일방 배우자에게 참을 수 없는 고통이 되는 경우'를 기준으로 사안마다 달리 판단하고 있습니다.

이혼의 핵심은
재산분할

●

이혼할 때 가장 어려운 문제가 재산분할입니다. 변호사에게도, 당사자에게도 힘든 과정이죠. 현존하는 재산(적극재산)에서 빚(소극재산)을 빼서 전체 재산분할 금액을 확정한 후, 마지막으로 재산 형성에서 각자의 기여도를 곱해 최종적인 재산분할 금액을 정하게 됩니다. 이 과정에서 상대방의 명의로 된 재산은 포함시키고, 상대방의 명의로 부담하고 있는 채무는 제외하는 게 유리하기 때문에 당사자들은 한 치의 양보 없이 재산분할 금액을 확정하기 위해 다툽니다.

재산분할의 대상이 되는 재산이 확정되면 적극재산의 형성과 증식에 기여한 바 등을 입증해 기여도 주장을 하게 됩니다. 결혼 이후 생활비를 전적으로 부담했다는 점이나 재산분할의 대상이 되는 부동산 매수대금을 자신의 부모님을 통해 마련했다는 점 등을 주장하면서, 이를 입증할 수 있는 자료를 제출해야 합니다. 또한 재산분할 대상으로는 부부 공동재산이 있는데, 여기에 퇴직금·연금 등 장래의 수입도 포함됩니다.

재산분할 액수는 점차 증가하고 있습니다. 참고로 2024년 5월 30일 최태원 SK그룹 회장과 노소영 아트센터 나비 관장의 이혼소송에서 역대 최고액인 1조 3,808억 원의 재산분할이 결정되었습니다. 최태원 회장과 노소영 관장의 재산 합계는 약 4조 원인데, 이 중 노소영 관장의 분할 비율이 35%로 정해진 데 따른 것입니다.

1. 공동재산

부부가 혼인 중 공동으로 협력해 모은 공동재산은 당연히 재산분할 대상입니다. 그런데 재산이 부부 한 명의 명의로 되어 있다면 어떻게 될까요? 또 재산에 대해 명의신탁이 되어 있다면 어떻게 될까요?

법원은 부부의 협력으로 얻은 재산이라면 명의에 상관없이 재산분할의 대상이 된다는 입장입니다. 예를 들면 예금이나 주식 등이 배우자 이름으로 되어 있어도 서로 협력해서 얻은 재산이라면 양쪽 모두의 공동재산에 해당된다는 것이죠.

또한 부부 공동재산 형성에 따라 빚을 지게 되었다면 그 채무 역시 재산분할 대상이 됩니다. 현행 부부재산 제도는 부부별산제(혼인 전부터 가졌거나 혼인 생활 중에 자기 명의로 취득한 재산은 각자 관리·사용하게 하는 제도)를 기본으로 하고 있어, 부부 각자의 채무는 각자 부담하는 것이 원칙이기는 합니다. 그래서 부부가 이혼을 할 때도 한쪽이 제3자에게 부담한 채무는 원칙적으로 나누지 않습니다. 그러나 생활비나 생활용품을 구입하기 위해 사용한 일상가사에 관한 채무는 재산분할 대상이 되어서, 각자 채무도 분할해서 책임지게 되는 것이죠.

2. 특유재산

부부가 결혼 전에 소유하고 있던 재산은 특유재산으로 불리며, 원칙적으로 재산분할 대상이 되지 않습니다. 혼인 전 부부 각

허변의 놓치면 호구 되는 최소한의 법률상식

자가 소유한 재산 또는 혼인 중 한 명이 상속·증여·유증으로 취득한 재산 등이 여기에 해당합니다. 특히 법원은 한 명이 복권에 당첨되었다면 이는 특유재산에 해당해 재산분할을 하면 안 된다는 입장을 밝히기도 했습니다. 그러나 특유재산을 바탕으로 재산이 증식되었다면 그 증가분은 당연히 재산분할 대상이 됩니다. 이 점을 놓고 다툼이 심한데요. 특유재산이 공동재산에 포함되지 않도록 방어하는 측과 공동재산에 포함되도록 공격하는 측으로 첨예하게 입장이 갈립니다.

3. 퇴직금·연금 등 장래의 수입

결혼 생활 중에 퇴직금을 받았다면 당연히 재산분할의 대상이 됩니다. 그렇다면 앞으로 받을 퇴직금이나 연금은 어떨까요? 이혼할 때 한 명이 아직 퇴직금을 수령하지 않은 상태라고 해도, 소송의 사실심(1·2심) 변론이 끝나는 시점에서 수령할 것으로 예상된다면 재산분할 대상이 될 수 있습니다. 물론 모든 경우에 가능한 것은 아니고, 재직기간 중 혼인기간이 5년 이상이고 법률상 이혼했을 때 분할연금 요건 충족 시점부터 3년이 지나지 않았다면 청구가 가능합니다.

바람을 피웠어도
재산분할 청구가 가능할까?

•

남편의 외도로 이혼을 결심한 아내는, 혼인 파탄의 원인이 남편에게 있다는 점에서 자신이 가지고 있는 재산을 전혀 나눠줄 생각이 없습니다. 그러나 법은 이혼과 재산분할을 별개로 봅니다. 아무리 바람을 펴서 혼인 생활을 파탄에 이르게 했더라도 결혼기간 중 공동으로 형성된 재산에 대해서는 각자 권리가 있다고 봅니다. 이혼 책임이 있는 배우자, 즉 유책배우자도 재산분할 청구를 할 수 있는 것이죠.

물론 재산분할과는 별도로 바람을 피운 책임은 물을 수 있습니다. 보통 위자료 소송을 제기하는데, 그 대상으로는 혼인을 파탄에 이르게 한 배우자뿐만 아니라 시부모나 장인·장모, 배우자의 간통 대상자 등 제3자에게도 위자료 청구가 가능합니다. 그런데 위자료는 생각보다 크지 않습니다. 법원은 대략 2천만~3천만 원을 기준으로 혼인기간이 오래되었을 경우 금액을 가산하는 방식으로 위자료를 책정합니다. 이 때문에 대부분의 위자료는 1천만 원~3천만 원으로 결정됩니다.

언론에서 보도하는 '수백억 원의 위자료'는 사실 위자료가

허변의 놓치면 호구 되는 최소한의 법률상식

아니라 재산분할로 인한 금액이 잘못 알려진 것이죠. 위자료는 「민법」상 불법행위에 따른 정신적 손해배상금이므로 3년 이내에 지급을 청구해야 합니다. 그러나 2024년 5월 30일 최태원 SK그룹 회장과 노소영 아트센터 나비 관장의 이혼소송에서 위자료 액수가 '20억 원'으로 결정되었습니다. 이례적인 판결이지만, 그동안 크게 변동이 없었던 위자료 산정 기준에 변화가 감지되고 있는 것으로 보입니다.

참고로 바람을 피운 사람도 경우에 따라 이혼 청구를 할 수 있습니다. 배우자가 혼인을 지속할 만한 의사가 없는데 보복하기 위해 이혼에 응하지 않을 경우 유책배우자도 이혼 청구를 할 수 있는 것이죠.

📖 법률상식 핵심 포인트

① 이혼을 마음먹었고 상대방도 동의한다면 협의이혼 절차를 따르는 것이 좋다.
② 한 사람만 일방적으로 이혼을 원한다면 이혼소송을 해야 한다.
③ 이혼 시 가장 어려우면서도 중요한 과정이 재산분할이다.

SECTION 05

의료사고에 대처하는 방법

치열이 고르지 못해 콤플렉스가 심했던 Z씨는 몇 년 전부터 한 치과에서 교정치료를 받기 시작했습니다. 교정치료 마지막 날, 원래 담당하던 의사의 병가로 치과대학을 막 졸업한 의사가 대신 치료를 맡게 되었고 내심 불안했지만 따로 이의를 제기하진 않았습니다. 의사는 Z씨의 교정기를 제거한 후 치아 표면을 다듬었는데, 치료를 마치고 집에 돌아온 Z씨는 앞니가 까맣게 변해버린 것을 보고 크게 놀랐습니다. 곧바로 전화해 따졌지만 치과 측은 "우리 잘못이라는 증거가 있으면 가져오라"라고 말하며 끊어 버렸습니다. Z씨는 화가 나서 참을 수가 없었습니다.

치과에서 받는 교정치료는 보통 몇 년씩 소요됩니다. 치료 중에는 음식도 제대로 먹지 못하죠. 그래서 교정기를 빼는 날만을 손꼽아 기다립니다. 드디어 교정기를 빼는 날이 되었는데, 마무리 치료가 잘못되어 치아가 변색되었다면 하늘이 무너지는 심정일 것입니다. Z씨는 이러한 의료사고에 어떻게 대응해야 할까요?

2가지 방법이 있습니다. 일단 형사적 측면에서 치과 의사의 업무상 과실을 입증해 '업무상 과실치상죄'로 고소할 수 있습니다. 업무란 사람이 사회생활상의 지위에서 계속적으로 종사하는 사무 또는 사업을 말하는데, 반드시 직업적으로 업무에 종사할 필요는 없습니다. 따로 보수를 받는지도 중요하지 않습니다. 법원은 업무상 요구되는 주의 의무를 다하지 못한 경우에 업무상 과실이 있다고 판단합니다.

그렇다면 Z씨를 치료한 의사도 업무상 과실치상죄로 고소가 가능할까요? 이 의사는 사고 당일 처음 진료를 봤는데, 병원은 이런 이유를 들며 업무상 과실치상죄에 해당하는 업무를 한 것이 아니라고 주장할 수도 있습니다. 그러나 법원에 따르면 단 1회라도 계속적으로 일을 할 의사(意思)가 있었다면 당연히 업무에 해당합니다. 따라서 Z씨가 치과 의사를 업무상 과실치상죄로 고소하는 데 아무런 문제가 없습니다.

형사고소와 별개로 민사소송도 가능합니다. 치과 의사가 제대로 된 치료를 하지 못했다는 점을 들어 채무 불이행에 따른 손해배상을 청구하거나, 치과 의사의 고의 또는 과실을 입증해 불법행위에 대한 손해배상 책임을 물을 수 있습니다.

증거 확보가
핵심이다

●

현행법상 의료사고의 원인 등을 입증할 책임은 환자에게 있습니다. 그러나 전문 영역인 의료에 대한 이해가 부족할 수밖에 없는 일반인 입장에서 의사의 고의 또는 과실, 인과관계 등을 입증하기란 상당히 어렵습니다. 그런데 최근 판례 동향은 인과관계에 대한 피해자(환자) 측의 입증 책임을 완화하는 추세입니다. 의학 관련 지식에 대한 이해가 부족할 수밖에 없는 환자의

허변의 놓치면 호구 되는 최소한의 법률상식

상황을 감안해 의사에게 일정 사항에 대한 입증을 요구하는 경우가 있어 다행스럽게도 환자 측 승소율이 높아지고 있습니다.

의료사고의 증거 확보를 위해서는 다음과 같은 사항을 명심해야 합니다. 우선 진료 단계부터 의무기록·진료기록을 모두 챙겨야 합니다. 진료기록은 피해와 의료 행위 사이의 인과관계를 입증하기 위해 필요한 핵심 증거입니다. 그러나 진료기록부가 허위로 기재되는 경우가 많기 때문에 확인하는 습관이 중요합니다. 최근 10년 동안 허위 진료기록으로 처벌을 받은 사례는 300회가 넘습니다. 지난 2018년에는 낙태수술을 한 뒤 진료기록부에 다른 병명을 적고 이를 통해 요양급여까지 타낸 산부인과 의사가 항소심에서 벌금형을 선고받은 적이 있습니다.

또한 현행 「의료법」에 따르면 진료기록부를 기록하는 시기가 명시되어 있지 않기 때문에 의료사고가 발생하면 한시라도 빨리 진료기록부를 확보해야 합니다. 실제로 일부 의사들은 치료 후 몇 달이 지난 시점에서 진료기록부를 작성하는 경우도 있습니다. 특히 일부 악의적인 의사들은 혹시 모를 일에 대비해 일부러 진료기록부를 늦게 적기도 합니다. 예를 들면 의료사고가 났을 때 기록을 병원에게 유리하게 조작하기 위해 진료기록부를 작성하지 않고 있는 것이죠. 억울하게 의료소송에서 패소하는 상황을 미연에 방지하기 위해서라도 반드시 신속하게 기록을 확보하는 게 중요합니다.

의료사고 발생 시 의료진에 대한 녹취는 필수입니다. 사고 직후 자신의 잘못을 인정하던 의료진이 시간이 지나자 말을 뒤집는 경우가 많습니다. 대화할 때 사고 발생 이전 환자의 상태와 사고 이후 환자의 상태, 수술 또는 경과 진행 과정 중의 대처 등을 반드시 물어봅시다. 물어볼 때도 추상적으로 물어보지 말고 구체적인 상황을 제시해야 하며, 의사가 얼버무리려 한다면 재차 확인해야 합니다. 사건 정황이 담긴 녹음파일은 재판에서 큰 위력을 발휘하는 중요한 증거물이 될 수 있습니다.

또한 병원과의 협상은 가족이 아닌 전문가의 조언을 들으며 진행하는 게 좋습니다. 관련 법률 지식에서 열세인 환자 가족은 협상에서 우위를 점하지 못하고 휘둘릴 수 있습니다. 만일 환자의 사망으로까지 이어진 의료사고라면 부검에 대해 충분히 논의해야 합니다. 부검을 통해 의료사고를 명확하게 입증할 핵심 증거를 확보할 수 있으므로, 이에 대한 가능성을 미리 가족끼리 논의하기 바랍니다.

허변의 놓치면 호구 되는 최소한의 법률상식

법률상식 핵심 포인트

① 현행법상 의료사고의 원인 등을 입증할 책임은 환자에게 있다.

② 의료사고의 증거 확보를 위해서는 진료 단계부터 의무기록·진료기록을 모두 챙겨야 한다.

③ 의료사고 발생 시 의료진에 대한 녹취는 필수다.

변호사 보수에도
기준이 있나요?

변호사 선임 시 의뢰인이 가장 궁금해하는 부분은 변호사의 보수일 것입니다. 그렇다면 변호사 보수에 따로 기준이 있을까요? 변호사와 의뢰인 간의 계약은 「민법」에 따라 위임인(委任人)인 의뢰인이 수임인(受任人)인 변호사에게 법률사무를 위탁하는 계약이기 때문에 자유계약의 원칙에 따라 보수가 정해져 있지는 않습니다. 그러나 다행히 실무에서는 관행적인 보수의 기준이 있는데요. 하나씩 알아보겠습니다.

1. 민사사건·행정사건

민사사건의 변호사 보수는 원고와 피고를 구분해 생각해야 합니다. 소송을 제기하는 원고는 보통 착수금과 성공보수를 나눠 지급합니다. 보수는 사건의 복잡성과 난이도, 소송금액 등에 따라 조금씩 다르지만 통상 착수금은 500만 원 정도가 되는 경우가 많습니다. 물론 간단한 사건은 300만 원 정도로 책정되기도 하지만 복잡할 경우 수천만 원, 수억 원이 될 수도 있습니다. 국가소송을 수임한 변호사의 보수 규정은 변호사 보수를 정할 때 참고가 될 수 있습니다.

민사사건 보수 기준액(변호사 보수 규정 제3조)

소가	보수
2천만 원 미만	300만 원
2천만 원 이상~5천만 원 미만	500만 원
5천만 원 이상~1억 원 미만	800만 원
1억 원 이상~2억 원 미만	1,200만 원
2억 원 이상~5억 원 미만	1,500만 원
5억 원 이상~10억 원 미만	2천만 원
10익 원 이싱	3천만 원

* 사실관계 및 법리적 쟁점의 복잡성, 노력의 정도 등을 감안하여 50% 범위 내에서 증액 가능

피고 역시 착수금은 원고와 비슷합니다. 다만 변호사의 성공보수는 최종적으로 방어한 금액에 따라 책정됩니다. 예를 들어 의뢰인이 변호사와 계약할 때 성공보수를 10%로 책정했다고 가정해봅시다. 원고가 1억 원을 청구했을 때 전부 이겨서 원고에게 한 푼도 주지 않는다면 성공보수는 1억 원의 10%인 1천만 원이 됩니다. 만약 원고의 청구가 3천만 원 인정되었다면 방어한 금액은 7천만 원이므로 이 금액의 10%인 700만 원이 성공보수가 됩니다.

물론 사례로 언급한 금액은 통상적인 경우이고, 환경소송이나 의료소송 등 특수한 소송은 착수금과 성공보수를 달리 책정하기도 합니다. 교통사고는 착수금을 지급하지 않는 대신 성공보수를 높여 약정하기도 하죠.

참고로 민사소송과 관련해 반소라는 것이 있는데요. 원고의 소송에 대해 피고가 "나도 억울한 것이 있다"라며 제기하는 소송입니다. 종종 반소가 꼭 필요한 경우가 있습니다. 현재 진행되고 있는 사건에 추가로 제기하는 소송이므로 병합되어 진행되는데, 이때 반소 비용은 통상 비용에 비해 좀 더 저렴해집니다.

2. 형사사건

형사사건의 변호사 보수는 고소인을 대리하는지, 피의자나 피고인을 대리하는지에 따라 다릅니다. 고소사건은 고소장만 작성하는 데 300만 원 정도부터 시작하며 난이도에 따라 금액이 상승합니다. 만약 수사기관의 조사 결과 무혐의 처분이 난다면 검찰에 다시 한번 판단을 요청하는 항고와 법원의 판단을 구하는 재정신청 등의 절차가 추가됩니다. 이때 항고와 재정신청 모두 별도의 비용이 소요됩니다.

피의자나 피고인을 변호한다면 범죄 혐의에 따라 500만~수억 원 등 사건의 복잡성과 난이도에 따라 보수는 천차만별입니다. 또한 경찰 수사 단계만 변호하는지, 아니면 검찰 단계, 더 나아가 법원 단계까지 변호하는지에 따라 비용이 달라질 수 있습니다.

만약 수사기관이 구속영장 등을 청구한다면 영장실질심사가 있게 됩니다. 구속을 다투는 중요한 심사라는 점에서 일부 변호사들이 터무니없이 높은 비용을 부르는 경우가 있어 주의해야 합니다. 이때 브로커가 등장해 '전관' '연줄' 등의 말을 늘어놓으며 수천만 원을 부르기도 합니다. 하지만 전관 변호사를 선임한 대기업 오너들도 구속된다는 점을 잊어서는 안 됩니다.

영장실질심사와 관련해선 간단한 사안의 경우 500만 원 정도면 되나, 복잡하고 어려운 사안의 경우 사실 1천만 원도 부족할 수 있습니다.

형사사건은 압수·수색 단계, 경찰 수사 단계, 검찰이나 공수처 수사 단계, 법원 공판 단계 등 여러 단계가 있습니다. 따라서 단계별로 계약하기보다는 전체 과정을 한 번에 계약하는 것이 좀 더 유리합니다. 고소사건이라면 항고와 재정신청 등을 포함해 첫 계약서에 적시하는 것이 좋고, 피의자나 피고인이라면 해당 심급인 1심, 2심 등을 전체적으로 계약하는 것이 비용상 유리합니다.

다시 강조하지만 변호사 보수에 딱히 정해진 기준은 없습니다. 통상적인 금액 정도는 가늠할 수 있지만 변수가 많아 결국 의뢰인과 변호사의 협의에 의해 결정됩니다. 보수 책정에 고려되는 기준은 대략 다음의 3가지입니다.

1. 변호사의 역량
2. 소송의 난이도
3. 기타 약정사항

허변의 놓치면 호구 되는 최소한의 법률상식

끝으로 변호사 비용은 무조건 아끼는 것이 좋다고 생각하는 사람들이 있는데요. 브로커에게 속아 불필요한 비용을 쓰는 건 주의해야 하지만 변호사 보수가 합리적이라면 아끼지 말아야 합니다. '싼 것이 비지떡'이라는 말이 있죠. 여기저기 변호사 비용에 대해 알아보고 적정 수준의 비용을 확인한 뒤, 적당한 수준이라면 따로 수임료 협상을 하지 말고 계약을 맺는 게 좋습니다. 자칫 수임료 협상을 하다가 변호사의 의욕을 꺾을 수도 있기 때문입니다. 수임료를 깎다가 이길 소송도 질 수 있습니다.

의뢰인과 변호사 간의 수임료 분쟁은 자주 발생하는 일입니다. 대부분 수임료를 깎은 이후 결과가 신통치 않아 생기는 법적 분쟁입니다. 수임료를 깎으면 보통 그만큼만 일하려는 심리가 생기고, 그러면 결과가 좋지 않을 수도 있습니다. 그보다는 정당한 가격을 지불한 뒤에 그만큼 변호사를 괴롭히는 것이 낫습니다. 제 돈 주고 사건을 맡겼는데 변호사가 어떤 일을 제대로 하지 못하면 전화, 이메일을 이용하거나 직접 방문해서 적합한 사건 처리를 요구해야 합니다. 신중하게 생각한 후에 합리적인 금액이라면 수임료를 선뜻 건네는 것이 승소를 위한 하나의 방법입니다.

PART 6

법을 모르면
집도 잃을 수 있다

"법을 모르면 집도 잃을 수 있습니다"라고 이야기하면 대부분 '과장이 심한데?'라고 생각할 것입니다. 하지만 실제로 관련법을 몰라 집을 잃 거나 그에 버금가는 금전적 피해를 입는 사람들이 많습니다. 자취방 계 약을 허술하게 해 손해를 보거나, 등기부등본 검토에 소홀해 사기꾼에 게 당하거나, 전입신고를 늦게 해 집에서 쫓겨나거나, 인테리어업자에 게 사기를 당하는 등 실제로 집과 관련된 크고 작은 사건사고들이 끊이 지 않습니다. 이러한 피해는 관련법만 알면 대부분 충분히 예방할 수 있 고, 더 나아가 조금만 꼼꼼하게 대처하면 오히려 이득을 볼 수도 있습니 다. 이번 장을 통해 세입자가 반드시 챙겨야 할 부분과 부동산 거래 시 도사리고 있는 위험에 대해 알아보겠습니다.

허변의 놓치면 호구 되는 최소한의 법률상식

자취방 계약
A to Z

김씨는 최근 갑자기 직장을 옮기게 되어 급하게 거주할 집을 찾고 있습니다. 그런데 우연히 전세 사기 등의 범죄가 심각하다는 뉴스를 접하게 되었고, 부동산 계약 경험이 많지 않은 김씨는 깊은 고민에 빠집니다. 어떻게 해야 사기 걱정 없이 안전하게 자취방을 계약할 수 있을까요?

　얼마 전 한 연예인이 TV에서 "전셋집을 구해서 들어갔는데 집주인이 전세금을 들고 도망갔다. 이중계약을 했는지 돈을 돌려받지 못했다"라고 고백했습니다. 이처럼 유명인도 마음먹고 접근하는 사기꾼을 피하지 못하는 게 현실입니다. 누구나 사기의 위험에 노출되어 있기 때문에 항상 조심해야 하죠. 그러나 '사기는 운이 좋아 피하는 것이지 완벽히 피할 수는 없다'라는 말이 있듯이 예방은 굉장히 어렵습니다. 그래도 몇 종류의 사기 수법을 알고 있다면 많은 피해를 예방할 수 있습니다.

계약서의 금액과 기간은
확인하고 또 확인하자

•

일단 전월세 계약을 할 때는 계약서를 꼼꼼하게 살펴봐야 합니다. 자신이 계약하는 부동산이 맞는지, 보증금 액수는 얼마인지, 임대 기간은 정확한지, 임대인의 이름이 정확한지 등을 여러 번 확인해야 합니다. "당연히 내가 계약하는 부동산이 맞겠지"라며 소홀히 했다가는 큰코다칠 수 있습니다. 종종 집을 계약했는데 막상 가보니 엉뚱한 부동산인 경우도 발생합니다. 들어가서 살 집은 반드시 직접 눈으로 확인해야 등기부등본에 기재된 집과 현장의 건물이 일치하는지 알 수 있습니다. 예를 들어 2층인 줄 알았으나 실제로는 1층인 경우도 있고, 지상층인 줄 알았으나 실제로는 반지하인 경우도 있습니다.

보증금의 액수도 꼼꼼히 살펴봐야 합니다. 보증금은 통상 수백만 원에서 수억 원에 이르는 큰돈인 만큼 재산에서 큰 비중을 차지합니다. 그런데 의외로 계약서에 적힌 숫자를 자세히 뜯어보는 경우는 많지 않습니다. 악한 마음을 지닌 사기꾼이 교묘하게 계약서의 금액을 고쳐 나중에 황당한 요구를 할 수도 있는데 말이죠. 계약서에 들어가는 금액은 절대 고치지 못하도록 금액을 반드시 한글 또는 한자로 적은 후 숫자를 병기해야 합니다. 예를 들어 보증금이 2천만 원이라면 '2천만 원(20,000,000원)'으로 정확하게 표기하는 것이 사고를 미연에 방지하는 방법입니다.

임대차 기간 또한 정확하게 표시해야 합니다. 실제로 임대차 기간을 잘못 표기해 큰 손해를 보는 경우도 있습니다. 물론 상대가 착한 사람이라면 "실수니까 웃고 넘어갑시다"라고 말할 수도 있지만, 그렇지 않다면 이를 빌미로 불합리한 계약을 요구할 수도 있습니다. 법적 분쟁을 예방하기 위해서라도 임대차 기간을 꼼꼼히 살펴봐야 합니다.

보증금은 반드시
임대인에게 보내자

•

보증금은 반드시 계약서에 이름이 적힌 임대인에게 보내야 합니다. 너무 당연한 일이지만 여러 이유로 임대인이 아닌 다른 사람에게 송금해 보증금을 날리는 사례가 많습니다. 임대차 계약은 반드시 임대인과 직접 체결해야 하는데, 현실에서는 임대인의 배우자나 자녀와 계약을 체결하는 경우가 빈번합니다. 세입자 입장에서는 찝찝한 생각이 들지만 '가족이니까 괜찮겠지?'라고 스스로 위안하며 계약을 체결하게 되죠. 그러나 임대인 당사자가 아닌 사람과의 계약은 법적으로 무효가 될 수 있어 주의가 필요합니다. 만약 보증금 등을 가족에게 지급했는데, 임대인 본인이 보증금을 받은 적이 없다며 문제를 제기하면 오랜 기간 소송에 휘말릴 수 있습니다.

법의 보호를 받기 위해서는 당사자와 계약을 해야 하며 피치 못할 사정이 있다면 대리권을 확인해야 합니다. 즉 계약 체결에 대한 권한을 부여했다는 임대인의 명확한 의사가 없다면 대리인이 정당하게 대신 계약을 체결할 수 없는 것이죠. 만약 상대가 위임장을 제시하며 대금 수령의 권한이 있다고 주장해

허변의 놓치면 호구 되는 최소한의 법률상식

도 대리인 계좌가 아닌 건물주나 소유주의 계좌로 입금하고 싶다고 공인중개사에게 말해야 합니다. 임대인이 직접 자기 계좌로 돈을 받는 것이 더 쉬운데, 군이 대리인의 계좌로 돈을 먼저 받고 다시 자신의 계좌로 송금하도록 지시하는 일 자체가 드물기 때문에 의심해봐야 합니다.

임대인 당사자가 아니라 가족이 나왔다면 임대인에게 무언가 다른 문제가 발생한 상황은 아닌지 확인해야 합니다. 계약을 체결한 후 임대인이 사망하면 계약 체결에 대한 추인을 받지 못해 계약이 무효가 될 수도 있습니다. 물론 법은 거래의 안전성을 위해 임대인의 가족과 계약을 체결한 사람을 일정한 조건 아래 보호하고 있습니다. 임대인의 가족이 유효한 대리권을 가지고 있는 것처럼 행동했다면 '표현대리' 조항의 적용을 받을 수 있습니다. 표현대리란 대리권이 없는 자가 대리인이라고 칭하고 행하는 행위를 말하는 것으로, 표현대리가 인정되면 법의 보호를 받을 수 있습니다.

만약 당사자가 아닌 가족과 계약 체결을 할 수밖에 없었고 이후 문제가 생겼다면, 임대인의 가족이 마치 정당한 대리권을 받은 것처럼 행동했다고 주장해야 합니다. 이 주장이 받아들여진다면 유효한 대리권을 지닌 사람과 계약한 것으로 취급되어

보호받을 수 있게 됩니다. 이때는 증거 없이 주장만 해서는 안 됩니다. 기본적으로 당사자의 인감증명서와 인감도장이 찍힌 위임장, 계좌 이체내역 등의 자료가 있어야 합니다. 계약할 당시의 상황이 녹음되어 있다면 금상첨화겠죠.

공인중개사의 자격증과 공제보험도 확인해야

•

드문 일이기는 하지만 간혹 공인중개사가 사기꾼과 짜고 엉터리 거래를 유도하기도 합니다. 또 자격이 없는 사람이 불법으로 부동산 중개를 하는 경우도 있죠. 이런 상황을 대비해 부동산에 대한 확인도 필수입니다. 공인중개사무소에는 공인중개사자격증, 중개사무소등록증, 공제증서 등이 벽에 걸려 있습니다. 이 중 공제증서는 공인중개사의 잘못된 거래로 손해가 발생할 때를 대비한 증서로, 대략 1억 원 정도의 보험금이 설정되어 있습니다. 공제증서가 확실하다면 사기를 당해도 보험금으로 전세금의 일부라도 돌려받을 수 있기 때문에 이 부분에 대한 확인도 필요합니다.

공제증서를 받으면 먼저 가입 기간을 확인해야 합니다. 보통 보험 가입은 1년 단위로 이뤄지므로, 자신이 체결한 계약날짜를 기준으로 공제보험의 적용이 가능한지 확인해야 합니다. 공제 기간이 지났더라도 기간 내에 발생한 거래에 대해서는 보험이 적용됩니다. 또한 부동산에 게시되어 있는 공인중개사자격증 사진과 실제 공인중개사의 신상이 일치하는지도 당연히 확인해야 합니다. 거래금액이 크거나 조건이 좋은 부동산이라면 시·군·구청의 담당 부서에 연락해 자격 여부를 확인할 수 있습니다. 다소 귀찮더라도 확인할 것은 확인해야 안전한 거래가 가능합니다.

중개수수료
다툼이 발생했다면

●

부동산을 매매하거나 전월세를 알아볼 때는 공인중개사를 통해 거래하는 경우가 대부분입니다. 이때 공인중개사에게 지급하는 부동산 중개수수료는 통상 100만 원이 넘는데, 때때로 이중개수수료를 두고 분쟁이 발생하기도 합니다. 부동산 중개수수료는 언제 지급해야 할까요? 중개수수료는 실제 중개가 성사되었을 때, 즉 계약이 체결되었을 때 지급 의무가 발생합니다. 법원은 "원칙적으로 중개업자는 중개 대상물에 대한 계약서의 작성 업무 등 계약 체결까지 완료되어야 비로소 중개 의뢰인에게 중개수수료를 청구할 수 있는 것"이라고 판시한 바 있습니다.

중개업자가 계약서 작성에 관여하지 못해도 만일 계약이 성사되는 데 큰 역할을 했다면 판례 취지에 따라 중개수수료를 지급할 수도 있습니다. 계약 체결은 계약서를 실제로 작성했거나 계약금·중도금·잔금의 액수와 지급 시기가 구두상으로라도 확정되어야만 인정됩니다. 그러나 가계약금이라는 명목으로 일부 금액만 지급한 경우에는 법적으로 계약이 체결되었다고 인정되기 어렵습니다.

중개수수료는 보통 계약 체결 과정에서 확인할 수 있는데요. 법과 조례는 중개수수료에 대해서 최대 한도를 규정하고 있습니다. 각 지역마다 부동산 중개수수료 요율표가 있고, 그 한도 내에서 협의에 따라 중개수수료를 정하면 됩니다. 하지만 실무에서는 협의 과정 없이 최종 계약서를 작성할 때 중개대상물 확인설명서에 서명하는 것으로 대체되는 때가 많습니다. 이렇게 정확한 중개수수료를 알지 못한 상태에서 서명을 하게 되면 향후 법적 분쟁이 발생할 여지가 있어 미리 조율해야 합니다. 특히 중개수수료율이 급변하는 매매금액 6억 원 전후 구간 및 임대차 금액 3억 원 초과 구간에서 많은 다툼이 발생합니다. 따라서 사전에 중개수수료를 얼마 지급해야 되는지 협의한 후 계약에 임하는 것이 안전합니다.

한편 「공인중개사법」 제32조 및 동법 시행규칙 제20조에서는 중개수수료의 상한을 거래금액의 9/1,000 이내로 규정하고 있습니다. 구체적인 상한은 부동산이 소재한 지역의 조례를 참고하기 바랍니다.

📖 **법률상식 핵심 포인트**

① 부동산 계약을 할 때는 계약서를 꼼꼼하게 살펴봐야 한다.
② 보증금은 계약서에 이름이 적힌 임대인에게 보내는 것이 좋다.
③ 공인중개사의 자격증과 공제보험도 확인해야 한다.

집도 그냥 사면
안 된다

10년 동안 회사를 다니며 열심히 저축한 끝에 드디어 내 집 마련을 목전에 둔 이씨. 모은 돈은 많지 않지만 이씨는 드디어 자신만의 안락한 집을 갖는다는 생각에 잔뜩 신이 났습니다. 그런데 막상 모은 돈을 전부 투자하려 하니 사기꾼이 하도 많은 세상이라 두려움이 앞섭니다. 주변에서도 "한두 푼도 아니고 잘 알아보고 사야 한다"라고 말해서 고민이 더 깊어졌습니다. 어떻게 해야 안전하게 집을 살 수 있을까요?

오랜 저축 끝에 내 집 마련을 앞둔 이씨는 잠을 이루지 못할 만큼 행복했습니다. 그런데 적게는 수천만 원, 많게는 수십억 원에 달하는 부동산은 수만 원짜리 물건을 구입할 때와는 다른 마음가짐으로 접근해야 합니다. 실제로 이를 간과한 채 낙관론에 젖어 덜컥 계약을 맺었다가 피해를 입는 경우가 많습니다.

어떤 서류를
확인해야 할까?

●

부동산을 구입할 때는 상대방이 제시하는 서류만 믿고 계약을 체결해서는 안 됩니다. 마음먹고 당신을 속이려는 사기꾼이 있다면 예상하지 못한 손해를 입을 수 있기 때문에 건네주는 서류는 참고용으로만 받아두고, 부동산과 관련된 공적인 서류는 직접 모두 일일이 떼어서 확인해야 합니다. 먼저 국토교통부가 운영하는 '일사편리-부동산 통합 민원' 사이트(www.kras.go.kr)에 들어가서 부동산종합증명서를 확인하면 좋습니다. 무료로 열람이 가능하고 토지대장, 임야대장, 지적도, 임야도, 건축물대장, 토지이용계획확인원, 개별공시지가확인서, 등기부등본 내용 등을 확인할 수 있습니다.

일단 부동산의 기초가 되는 가장 중요한 서류는 등기부등본입니다. 등기부등본을 볼 줄 모른다면 아예 부동산 거래를 하지 않는 것이 좋습니다. 전문가에게 맡기면 되지 않겠냐고 생각할 수 있지만 전문가가 앞장서서 당신을 속일 수도 있습니다. 등기부등본을 포함해 반드시 확인해야 하는 서류들을 차례대로 알아보겠습니다.

1. 등기부등본

등기부등본은 온라인으로도 발급받을 수 있습니다. 대법원 인터넷등기소 사이트(www.iros.go.kr)에 들어가면 간편하게 출력이 가능합니다. 등기부등본은 부동산의 용도와 소유권 등의 내용이 적혀 있는 문서로, 부동산 매매에 가장 핵심이 되는 서류입니다. 처음 거래한다면 눈으로만 확인하기보다는 처음부터 끝까지 밑줄을 쳐가며 꼼꼼하게 살펴봐야 합니다.

등기부등본은 크게 표제부, 갑구, 을구로 나눠져 있습니다. 표제부는 해당 부동산의 소재지, 지목, 면적, 등기 원인, 건물 명칭, 건물 내역, 용도 등을 보여줍니다. 갑구는 소유권에 관한 사항들이 적혀 있는데, 부동산을 소유한 사람과 이전받은 사람

허변의 놓치면 호구 되는 최소한의 법률상식

등이 시간 순서(접수 순서)대로 나와 있습니다. 또한 갑구에는 가압류와 임의경매 신청 여부 등이 기재될 수 있습니다. 가압류 또는 임의경매 신청 등이 기재된 부동산을 구입하면 예상하지 못한 손해를 볼 수도 있기 때문에 반드시 갑구를 확인해야 합니다.

예를 들어 가압류 청구금액이 2,500만 원이고 가압류 채권자가 신용보증기금이라고 적혀 있다고 가정해봅시다. 이 부동산의 거래가격이 5천만 원이라면 매매대금은 가압류된 금액을 제외하고 2,500만 원만 지불하는 것이 상식에 맞습니다. 그런데 이를 확인하지 않고 5천만 원을 그대로 지불하는 매매계약을 맺었는데, 구입 후 가압류에 이은 본압류가 진행되면 2,500만 원을 추가로 지불하는 손해를 입을 수 있습니다. 여기서 왜 등기부등본을 확인해야 하는지 알 수 있습니다.

하나 더 주의할 점이 있습니다. 등기부등본은 정부가 발행한 공식 문서지만 적혀 있는 내용을 100% 다 믿어서는 안 됩니다. 현장에서는 이를 등기부등본의 공신력이 없다고 표현하는데, 등기소가 등기 신청 내용을 직접 현장에 나가서 일일이 확인하지 않기 때문에 발생하는 현상입니다. 등기소는 신청된 내용, 즉 계약서는 있는지, 도장은 찍혀 있는지 등 형식적인 사항만을 확인합니다. 신청된 등기 내용과 실제 부동산 현장이 일치하는지 일일이 확인할 수 없기 때문에 사실 여부를 보다 자세히 조사해야 합니다. 이처럼 부동산 등기부등본을 확인하는 과정은 큰 손해를 방지하기 위한 첫 번째 절차로 매우 중요합니다.

을구는 소유권 이외의 사항이 적혀 있습니다. 즉 저당권 및 근저당권 등이 기재될 수 있습니다. 저당권을 설정한 사람 또는 법인이 저당권을 실행할 경우 부동산의 소유자는 해당 부동산의 소유권을 잃을 우려가 있으니 유의해야 합니다. 예를 들어 을구에 근저당권이 설정되어 있고 채권 최고액이 1천만 원이라 기재되어 있다면 이 금액만큼 매매대금에서 빼는 것이 안전합니다. 만일 해당 문구에 가로선이 그어져 있다면 근저당권 설정이 해제되었다는 표시이므로 매매대금에서 빼지 않아도 됩니다.

2. 토지대장

토지대장은 정부24 사이트(www.gov.kr)에서 발급받을 수 있습니다. 지적도등본과 함께 토지의 소재, 지번, 지목, 면적 등을 명확하게 확인하기 위한 용도로 사용됩니다. 특히 부동산의 면

허변의 놓치면 호구 되는 최소한의 법률상식

적이 얼마인지 나타난 부분이 중요한데요. 이를 제대로 확인하지 않아 법적 분쟁이 벌어지기도 합니다. 토지대장만 잘 확인해도 위험을 피할 수 있으니 꼼꼼히 확인하는 습관을 들여야겠죠. 토지대장을 잘 확인해야 하는 또 다른 이유는 등기부등본과 토지대장에 적힌 내용이 다를 경우 등기이전 신청이 안 되기 때문입니다. 두 서류를 일치시킨 다음에 다시 등기이전 신청을 해야 하는 번거로움을 겪을 수 있습니다.

3. 건축물대장등본

건축물대장등본은 건물의 현황을 기록한 문서로, 구입하는 부동산이 불법 건축물은 아닌지 등을 확인하기 위해 필요한 문서입니다. 특히 연립주택이나 다세대주택의 경우 옥상 혹은 계단에 불법 증축한 부분이 있을 수 있으며, 이 불법 건축물을 철거할 때까지 이행강제금 수백만 원을 지불해야 할 수도 있습니다. 건축물대장등본을 제대로 확인하지 않아 발생하는 손해는 어디 하소연할 수도 없어 유의해야 합니다.

4. 토지이용계획확인원

토지이용계획확인원은 토지이음 사이트(www.eum.go.kr)에서 확인할 수 있습니다. 「토지이용규제 기본법」에 근거해 토지의 이용 및 용도 등을 나타내는 문서로, 해당 부동산에 대한 규제 여부를 확인하기 위해 필요한 서류입니다. 예를 들어 개발제한 구역으로 묶여 있지는 않은지, 문화재보호구역은 아닌지 등을 확인할 수 있습니다. 제대로 보지 않고 부동산을 샀는데 알고 보니 개발이 안 되는 구역이라면 얼마나 억울할까요?

한편 등기부등본을 확인해봤는데 짧은 기간 동안 소유자가 여러 번 변동된 흔적이 있다면 왜 소유권 변동이 잦은지 반드시 이유를 찾아야 합니다. 서류에는 나타나 있지 않은 특별한 사항이 숨어 있을 수 있기 때문이죠. 그런 부동산은 더더욱 토지이용계획확인원을 떼어보는 게 좋습니다.

위 서류들을 모두 떼어서 확인한 후에는 해당 부동산을 직접 살펴보는 일만 남았습니다. 상대방이 주는 서류와 사진만 보고 계약을 했다가 생각지도 못한 불이익을 볼 수 있기 때문이죠. 나중에 가보니 산중턱에 있거나 계곡에 걸쳐 있는 부동산일 수도 있습니다.

마지막으로 부동산과 관련된 등기권리증(등기필증)이 원본인지 확인해야 합니다. 의외로 부동산과 관련된 사기사건의 경우 매도인이 제시하는 등기권리증이 위조되어 발생한 사례가 많습니다. 물론 나중에 위조 여부를 알게 되면 계약을 해지하고 돈을 돌려달라고 할 수 있으나, 사기꾼이 이미 돈을 숨겨놓거나 다 써버린 뒤라면 곤경에 처하게 됩니다. 따라서 등기권리증이 원본인지도 반드시 확인해야 하는 사항입니다.

부동산 가격이 뛰었다고
일부러 잔금을 안 받는다면

•

부동산을 구입하기로 계약하고 계약금까지 보냈는데 갑자기 매도인이 연락을 피한다면 어떻게 대처해야 할까요? 보통 부동산 가격이 갑자기 오르면 이런 일이 벌어집니다. 개발계획 등의 호재가 발생해 부동산 가격이 폭등하면 본래 주인이 더 많은 돈을 주는 사람과 계약하기 위해 잔금을 받지 않고 버틸 수 있습니다. 처음부터 거부했으면 차라리 나았을 텐데 잔금을 줘야 할 시점에 연락이 되지 않으면 매수인의 속은 타들어 갈 수밖에 없습니다.

그런데 부동산 매매 계약이 체결되면 법에 따라 매도인과 매수인에게는 각각 의무가 발생합니다. 매도인은 돈을 받고 부동산의 소유권을 이전해줄 의무가, 매수인은 부동산을 받고 돈을 지급할 의무가 생기는 것이죠. 만약 매도인이나 매수인이 자신의 의무를 지키지 않으면 계약을 이행하지 않은 것이 되므로 손해배상 책임을 져야 합니다.

본래 주인이 개인적인 이유로 부동산을 팔고 싶지 않아졌다면 받은 계약금의 2배를 매수인에게 주고 계약을 해지하면 됩니다. 예를 들어 계약금이 1천만 원인 상태에서 부동산 가격이 갑자기 5천만 원 올랐다면, 계약금의 2배(2천만 원)를 물어주고 계약을 파기한 후 다른 사람에게 5천만 원 오른 가격으로 파는 편이 집주인에게 더 이득인 것이죠. 반대로 매수인이 계약금만 준 상태에서 부동산을 사고 싶지 않아졌다면 그냥 지급한 계약금을 포기하면 됩니다. 이렇게 손해배상 책임만 회피하지 않으면 상대방의 허락을 구할 필요 없이 하고 싶은 대로 할 수 있습니다.

하지만 중도금까지 주고받았다면 계약금만 지불했을 때와 상황이 완전히 달라집니다. 중도금이 지급된 순간 매도인과 매수인은 더 이상 자유롭게 계약을 파기할 수 없습니다. 「민법」이 특별하게 보호하고 있는 '매수인의 신뢰' 때문입니다. 매수인이 중도금까지 지불했다면 법은 매수인에게 부동산을 소유할 수 있는 신뢰가 발생했다고 보며, 이 믿음을 지켜주기 위해 계약이 이행되도록 부동산 주인을 압박합니다. 매수인이 중도금을 지불하고 잔금을 지불하려 하는데 매도인이 고의적으로 잔금을 받지 않는다면 곧 불법행위가 되는 것이죠.

매수자는 여러 증거를 모아서 부동산 주인에게 해당 물건을 넘겨달라는 소송을 낼 수 있습니다. 먼저 매수자는 매도인이 잔금을 받지 않았다는 점을 증거로 남겨놓기 위해 계좌에 잔금을 넣어두고, 이 잔금을 지불하려는 행동을 해야 합니다. 만약 만나서 잔금을 주기로 했다면 그 장소에 방문해 사진이라도 찍어놓는 것이 좋습니다. 나중에 법정에서 잔금을 지급하려 했는지 여부(누가 계약을 위반했는지 여부)가 문제가 될 텐데, 계좌에 잔금이 들어 있다는 사실과 잔금 지급 장소에 방문했다는 사실이 강력한 증거가 되기 때문입니다.

그래도 잔금을 받지 않으면 '매도인이 소유권 이전 등기서류를 제공할 것'을 조건으로 내세워 법원에 잔금을 공탁할 수 있습니다. 만약 이러한 조건을 붙이지 않으면 매도인이 아무런 의무 이행 없이 잔금을 찾아갈 수 있어 반드시 조건을 붙여야 합니다. 이후 법원에 부동산 처분 금지 가처분을 신청해 매도인이 부동산을 다른 사람에게 매도할 가능성을 차단한 뒤 소유권 이전등기 청구소송을 제기할 수 있습니다.

그렇다면 이 사안은 사기죄가 성립될까요? 아쉽게도 사기죄는 성립되지 않습니다. 처음부터 속이려는 마음(기망의 고의)이 있었다고 인정되어야 사기죄가 성립되는데, 매도인이 중간에 마음을 바꾼 사례이므로 사기라고 보기 어렵습니다.

 법률상식 핵심 포인트

① 부동산과 관련된 공적인 서류는 직접 모두 떼어서 확인해야 한다.
② 부동산의 기초가 되는 가장 중요한 서류는 등기부등본이다.
③ 부동산 가격이 뛰었다고 매도인이 일부러 잔금을 받지 않는다면, 매도인은 손해배상 책임을 지게 된다.

목숨만큼 소중한 전입신고

원래 살던 자취방의 계약이 만료된 박씨는 회사 근처 다세대주택에 반전세로 이사 갈 계획을 세웠습니다. 회사 동료들은 박씨에게 "다세대주택은 문제가 생길 여지가 있어 조심해야 한다. 가능하면 오피스텔에 들어가라"라고 충고했습니다. 물론 오피스텔이 쾌적하기는 하지만 전세금이 훨씬 비싸 당장은 입주가 어려웠고, 박씨는 결국 처음에 봐둔 다세대주택으로 계약합니다. 하지만 내심 찜찜했습니다.

세입자가 겪을 수 있는 가장 황당한 일은 자고 있는데 누군가가 "이 집은 내 집이니 당장 나가달라"라고 요구할 때가 아닐까요? '설마 그런 일이 있겠어?' 하고 고개를 갸웃할 수 있지만 지금 이 순간에도 비슷한 일이 어디선가 벌어지고 있습니다.

보통 집주인이 세입자가 살고 있던 집을 갑자기 매매했을 때 이런 황당한 일이 발생하는데요. "이 집에 임차인이 살고 있고 계약은 언제까지다"라고 집주인이 새로운 집주인에게 고지해주면, 대개 새로운 집주인은 이를 이해하고 임차인이 집을 비워줄 때까지 기다리기 마련입니다. 하지만 간혹 집을 매매한 후 다짜고짜 임차인을 쫓아내려는 비상식적인 사람도 있습니다.

정확한 전입신고가
중요한 이유

•

이런 황당한 일을 피하기 위해서는 전입신고가 필요합니다. 임차인은 "나는 전입신고를 했다"라고 이야기하기만 하면 됩니다. 「주택임대차보호법」 제3조 제1항은 '등기가 없는 경우에도 임차인이 주택의 인도와 주민등록을 마친 때에는 그다음 날부터 제3자에 대하여 효력이 생긴다'라고 명시하고 있습니다. 임차인이 전입신고를 하고 그 집에 들어가 살고 있다면 최소 2년 동안 쫓겨나지 않을 권리, 즉 '대항력'이 발생하는 것입니다.

동법 제3조 제4항은 '임차주택의 양수인은 임대인의 지위를 승계한 것으로 본다'라고 규정하고 있습니다. 이 조항은 새로운 집주인이 이전 집주인과 임차인이 체결한 계약을 지켜야 하며, 전입신고에 따라 발생한 대항력도 인정해줘야 한다는 뜻입니다. 임차인이 정당하게 전입신고를 하고 대항력을 갖췄다면 새로운 집주인은 함부로 "내가 살 것이니 나가라"라고 할 수 없는 것이죠.

그런데 전입신고 과정에서 실수를 한다면 전입신고를 해도 문제가 발생할 수 있습니다. 전입신고는 현재 해당 부동산에 임차인이 존재한다는 사실을 외부에 알리는 역할을 합니다. 즉 해당 부동산을 구입하려는 사람은 전입신고를 통해 사전에 임차인의 존재 사실을 알 수 있는 것이죠. 만약 회사 근처 다세대주택에 들어가려는 박씨가 전입신고를 할 때 계약한 집이 몇 호인지 잘못 기재한다면 서류상 박씨가 실제로 살고 있는 집은 비어 있는 것처럼 보이게 됩니다. 그래서 그 부동산을 구입하려는 사람은 박씨가 현재 살고 있는 집이 비었다고 생각해 부동산을 구입할 수 있습니다. 이런 일이 벌어지면 당연히 새로운 집주인과 박씨는 누가 정당한 권리자인지를 놓고 다툴 수밖에 없습니다.

전입신고 과정에서 실수가 발생하면 법에 따라 보호되는 임대차 공시를 제대로 하지 못한 것입니다. 유효한 공시방법을 갖추지 못한 세입자는 「주택임대차보호법」의 보호를 받지 못하죠. 주소를 잘못 기입해 대항력을 취득하지 않은 박씨는 새로운 집주인의 퇴거 요청에 응할 수밖에 없습니다. 전입신고는 행정복지센터에 신분증과 도장, 임대차계약서 등을 가져가서 신고하면 됩니다. 시간이 없거나 주말인 경우에는 정부24 사이트에서도 24시간 신고가 가능합니다. 특히 2024년부터는 전세 사기 방지를 위해 전입하려는 곳의 세대주는 전입신고서를 작성할 때 전입자의 서명을 받은 후 본인과 전입자의 신분증 원본을 제시해야 합니다.

대항력을 유지해야
보증금을 안 떼인다

•

한밤중에 갑자기 쫓겨나는 불상사를 막기 위해서라도 임대차 계약을 맺은 후에는 즉시 전입신고를 해야 합니다. 그래야만 다른 사람들에게 부동산 임대차 계약의 효력을 주장할 수 있는 대항력이 발생하게 됩니다. 그런데 집주인이 "주택에 임차인이 있으면 은행이 대출을 안 해주는데 3일만 다른 곳에 전입신고를 해주세요"라고 이야기한다면 어떻게 해야 할까요? 은행을 속이는 부탁인 것은 둘째 치더라도, 이런 집주인의 부탁에는 굉장히 큰 위험 요소가 있습니다. 집주인이 사기꾼이라면 이 부탁을 들어주는 순간 보증금을 날릴 수도 있기 때문이죠. 은행조차 속이려는 사람을 믿어서는 안 됩니다.

임차인이 주택의 소재지로 전입신고를 마치고 그 주택에 입주하면 대항력이 생기는데, 이후 어떤 이유에서든지 다른 곳으로 주민등록을 이전하면 대항력의 효력은 즉시 사라집니다. 또한 주민등록을 이전한 후에 금방 원래 주소지로 다시 주민등록을 옮겼다고 하더라도 이미 소멸된 대항력이 원래 취득했던 시점까지 거슬러 올라가 생기는 것은 아닙니다. 따라서 박씨가 집주인의 부탁으로 다른 곳으로 전입신고를 하면 그 순간 박씨는 제3자에 대한 대항력을 상실하게 됩니다. 만약 집주인이 나쁜 마음을 먹고 박씨가 다른 곳으로 주민등록을 이전한 틈을 타 해당 부동산에 근저당을 설정하면 꼼짝없이 당하는 것이죠.

박씨는 그 근저당을 설정한 제3자에게 대항할 수 없게 됩니다.

해당 근저당권자가 경매를 신청하면 어떻게 될까요? 박씨는 남은 계약 기간 동안 거주할 수 있다고 주장할 수 없게 되고, 또 보증금의 반환도 불확실해집니다. 예를 들어 집의 가격이 5천만 원이고 보증금이 2천만 원인데, 박씨가 다른 곳으로 전입신고를 한 순간 근저당권 5천만 원이 설정되었다고 가정해 봅시다. 이런 상황에서 근저당권자가 집을 경매에 부치면 집은 5천만 원에 낙찰될 것이고, 그 낙찰대금은 근저당권자가 모두 가져갑니다. 박씨의 보증금 2천만 원은 사라지게 되는 것이죠 (여기서는 최우선 변제권 등 달리 고려해야 할 사항은 배제했습니다).

만약 근저당권이 설정된 날 전입신고를 한다면 어떻게 될까요? 전입신고의 효력인 대항력은 신고 행위가 종료된 그다음 날 0시부터 효력이 발생합니다. 반면 근저당권 설정은 당일에 효력이 생기므로, 근저당권 설정과 전입신고가 같은 날 이뤄졌다 하더라도 임차인은 근저당권자에게 대항할 수 없습니다. 예를 들어 전입신고가 1월 1일에 되었다면 1월 2일 0시부터 효력이 생기지만, 근저당권이 1월 1일에 설정되었다면 그 효력은 1월 1일부터 바로 생깁니다. 집주인이 의도적으로 임차인 전입신고를 한 날 다른 사람과 근저당권 설정을 했다면 임차인은 근저당권자보다 늦은 순위의 배당을 받게 되는 사태가 벌어집니다. 기껏 전입신고까지 했는데 말 그대로 눈 뜨고 코 베이는 억울한 상황에 처하게 되는 것입니다. 이를 방지하기 위해 부동산에 근저당권이 설정되었는지 반드시 확인해야 합니다.

계약 기간이 끝났는데도
보증금을 돌려주지 않는다면

●

보증금을 제대로 돌려받기 위해서는 전입신고로 인한 대항력을 계속 유지하고 있어야 합니다. 그런데 다른 곳으로 이사를 가서 당장 새로 이사 가는 곳에 전입신고를 해야 하는 곤란한 상황에 빠질 수 있습니다. 다른 곳에 전입신고를 하게 되면 대항력이 없어져 보증금을 돌려받지 못할 수도 있기 때문에 난처해집니다.

이때 이용할 수 있는 것이 '임차권등기명령'입니다. 「주택임대차보호법」 제3조의3은 '임대차가 끝난 후 보증금이 반환되지 아니한 경우 임차인은 임차주택의 소재지를 관할하는 지방법원·지방법원지원 또는 시·군 법원에 임차권등기명령을 신청할 수 있다'라고 규정하고 있습니다. 임차권등기명령은 관할 법원에서 할 수 있고, 이 명령으로 인해 임차권등기가 완료되면 주민등록을 다른 곳으로 이전하더라도 대항력을 유효하게 행사할 수 있습니다. 임차권등기명령 신청 시 필요한 서류는 임대차 계약서(확정일자 필요), 등기부등본, 주민등록등본, 주변인의 사실확인서 또는 진술서, 주택 도면 등입니다.

⚖️ **법률상식 핵심 포인트**

① 임차인이 전입신고를 하고 그 집에 들어가 살고 있다면 대항력이 발생한다.
② 보증금을 지키기 위해 해당 부동산에 근저당권이 설정되었는지 반드시 확인해야 한다.
③ 계약 기간이 끝났는데 보증금을 돌려주지 않는다면 임차권등기명령을 신청하면 된다.

허변의 놓치면 호구 되는 최소한의 법률상식

갑자기 오른 월세,
당황하지 말자

권씨는 1년 전 서울 교대 근처에 오피스텔을 얻은 후 주변에 작은 상가를 빌려 장사를 시작했습니다. 그런데 상가의 임대인이 계약 기간이 끝나는 10월부터 임대료를 무려 20%나 올리겠다고 통지했습니다. 권씨는 속이 쓰렸지만 그럭저럭 장사도 잘되고 목도 좋아 수용하기로 했습니다. 퇴근하고 집에 돌아오자 이번엔 오피스텔의 임대인이 9월부터 임대료를 10% 올리겠다고 통보했습니다. 상가 임대료까지는 참을 만했지만 집 월세까지 올린다고 하니 당황스러웠습니다. 권씨는 갑자기 임대료를 올리겠다는 집주인이 야속했습니다.

임대인이 월세를 올리는 것은 자유입니다. 그러나 항상 자신이 원하는 만큼 올릴 수 있는 것은 아닙니다. 만약 임대할 상가가 「상가건물 임대차보호법」 제2조에 의해 보호된다면, 임차인의 생계와 직결되는 월세 인상은 법으로 그 기준이 정해져 있습니다. 「상가건물 임대차보호법」에는 임차인의 차임 증감 청구권이 규정되어 있어, 권씨와 같은 임차인이 임대인을 상대로 월세 조정을 요구할 수 있습니다.

상가 월세는
5% 인상이 최대
•

권씨는 우선 자신이 임차한 상가가 「상가건물 임대차보호법」으로 보호되는지 확인해야 합니다. 「상가건물 임대차보호법」은 지역별 환산보증금의 기준을 넘지 않는 상가에 적용됩니다. 환산보증금은 '보증금+(월세×100)'으로 계산하는데 서울시는 9억 원, 광역시는 5억 4천만 원, 기타 지역은 3억 7천만 원 아래라면 보호 대상입니다. 만약 환산보증금이 이 기준 이상이라면 건물주가 월세를 올리는 데 제한이 없어집니다.

권씨의 상가가 「상가건물 임대차보호법」의 보호를 받는다면, 월세를 올릴 때는 대통령령으로 정하는 기준에 따른 비율을 초과하지 못합니다. 현행법에서는 5% 금액을 초과해 인상하지 못한다고 규정하고 있습니다. 따라서 권씨가 낸 월세가 100만 원이라면 임대인은 5%인 5만 원을 초과한 금액의 인상을 요구할 수 없습니다. 10월부터 임대료를 20% 올리겠다고 통지한 임대인의 요구를 정당하게 거부할 수 있는 것이죠. 또한 월세를 인상하면 1년 뒤에나 재인상이 가능합니다.

그런데 월세는 올리기만 할 수 있는 것이 아니라 사정에 따라 깎을 수도 있습니다. 「상가건물 임대차보호법」 제11조는 임차인이 월세를 깎아달라고 요구할 수 있는 권리 또한 규정하고 있습니다. 다만 동법 시행령에서는 증액에 대한 구체적인 수치(5%)만 있을 뿐 얼마만큼 감액을 요구할 수 있는지는 나와 있지 않습니다. 이 때문에 월세를 감액하려면 당사자들 간의 합의가 있어야 하며, 합의가 되지 않으면 법원에 감액 청구의 소를 제기할 수 있습니다.

감액을 할 수 없다는 특약이 계약서에 포함되어 있더라도 그러한 특약은 임차인에게 불리하기 때문에 증액 금지 특약과는 달리 효력이 없습니다. 그런데 이러한 규정이 모든 임대차에 적용되는 것은 아닙니다. 법으로 보호되는 임대차 기간이 끝난 이후에는 임대인이 의무적으로 계약을 연장할 의무가 없어 위와 같은 내용이 적용되지 않습니다. 「상가건물 임대차보호법」이 적용되지 않는 상가 역시 마찬가지입니다.

주택 월세도
보호받을 수 있다

•

주택도 「주택임대차보호법」으로 보호받는 경우에는 임대인이 월세를 올릴 수 있는 범위가 제한됩니다. 동법 시행령에는 월세 인상의 상한을 5%로 두고 있습니다. 주택은 상가와 달리 환산보증금 등의 기준은 없고 계약 후 2년이 지나지 않았다면 모든 주택이 보호 대상 안에 들어갑니다. 만약 중간에 임대인이 변경되어도 마찬가지입니다. 다만 임차인이 월세를 두 달 이상 밀리지 않았고, 임의로 구조를 변경하는 등 계약 내용을 잘 지켜야 한다는 조건이 있기는 합니다.

따라서 이사한 지 1년이 된 권씨는 「주택임대차보호법」의 보호를 받을 수 있습니다. 임대료를 10% 올리겠다는 집주인의 통보를 거절할 수 있는 것이죠. 하지만 임대인이 계약 기간 만료 두 달 전에 인상을 요구할 경우에는 요청을 따라야 합니다. 즉 계약 조건을 변경하고 싶다면 임대인은 임대차 기간이 끝나기 2~6개월 전에 임차인에게 해당 내용을 통지하면 됩니다. 그런데 계약 기간 만료가 한 달도 남지 않았다면 인상을 요구할 수 없습니다. 이때는 기존 계약이 묵시적으로 갱신되었다고 판단해 세입자는 2년간 더 그대로 살 수 있습니다.

2년이 되기 전에
이사해야 한다면

•

권씨가 오피스텔 계약 2년을 채우지 못하고 이사해야 할 사정이 생겼다면 어떻게 될까요? 임대차 계약을 더 이상 지속할 수 없으므로 당초에 계약한 기간만큼 오피스텔에 살거나, 오피스텔 주인에게 남은 월세를 미리 지급해야 할 것입니다. 그러나 이사를 가더라도 해당 오피스텔에 새로운 입주 계약이 체결되었다면 임대인은 기존 세입자와의 계약을 해지하고 새로운 세입자와 계약을 체결한 것으로 볼 수 있습니다. 아무도 살고 있지 않은 오피스텔에 새로운 임차인이 들어온다면 집주인은 이사 간 기존 세입자로부터 월세를 받지 못합니다. 새로운 임차인과 기존 세입자로부터 월세를 이중으로 받으면 부당이득이 되기 때문입니다.

권씨는 우선 보증금에서 남은 기간의 임대료를 공제한 금액을 받아야 합니다. 그리고 오피스텔에 새로운 임차인이 들어온다면 그 기간 이후의 임대료는 오피스텔 주인에게서 반환받을 수 있습니다. 조금 번거롭기는 하겠지만 권씨는 이사한 뒤에도 오피스텔에 새로 들어온 사람은 없는지 수시로 확인해야 할 것입니다.

그런데 보증금을 돌려받지 않고 급한 마음에 그냥 이사를 갔다면 보증금을 영영 받지 못하는 상황이 발생할 수 있습니다. 세입자가 해당 집에 살고 있어야지만 보증금을 돌려받을 수 있기 때문인데, 이러한 상황에 대비해 법은 임차권등기명령 제도를 규정하고 있습니다. 임대차가 종료되었는데 보증금을 받지 못했다면 관할 법원에 임차권등기명령을 신청하면 됩니다.

법률상식 핵심 포인트

① 상가가 「상가건물 임대차보호법」 보호 대상이라면 임대인이 일방적으로 월세를 5% 초과해 올릴 수 없다.

② 주택도 「주택임대차보호법」 보호 대상이라면 임대인이 월세를 올릴 수 있는 범위가 제한된다.

③ 임대차가 종료되었는데 보증금을 받지 못했다면 관할 법원에 임차권등기명령을 신청하면 된다.

월세입자를
위한 팁

새로운 집을 구하던 공씨는 인사이동 대상이 되면 1년 후 지방

으로 이사를 가야 합니다. 하지만 인사이동 대상이 아니라면 1년

뒤에도 새로 구한 집에서 쭉 살고 싶습니다. 이러한 사정을 들은

집주인은 "걱정마세요"라고 이야기했지만 공씨는 계속 불안했

습니다. 그러다 명절을 맞아 모처럼 고향집에 내려갔는데 새로

구한 집에 불이 나 전소되었다는 소식을 듣게 됩니다. 당장 지낼

곳이 없어진 공씨. 이제 어떻게 해야 하나 고민에 빠졌습니다.

월세를 사는 임차인은 상대적으로 약자의 지위에 있습니다. 그래서 법은 임차인을 강력하게 보호합니다. 「주택임대차보호법」 제4조 제1항은 임차인을 보호하기 위해 '기간을 정하지 아니하거나 2년 미만으로 정한 임대차는 그 기간을 2년으로 본다. 다만, 임차인은 2년 미만으로 정한 기간이 유효함을 주장할 수 있다'라고 규정하고 있습니다.

1년 월세 계약을 해도
2년 살 수 있다

•

「주택임대차보호법」에 따라 임차인은 임대차 기간을 2년 미만으로 정했다 하더라도 2년간 거주할 수 있습니다. 2년 미만의 기간이라면 임대인은 계약 기간이 종료된 것을 이유로 임차인에게 나가라고 요구할 수 없는 것이죠. 그럼 임차인이 1년 계약을 한 후 1년 뒤에 이사를 갈 목적으로 보증금을 돌려달라고 하면 어떻게 될까요? 임대인이 "임차인을 보호하기 위해 2년의 계약 기간이 자동으로 정해지니 보증금을 돌려줄 수 없다"라고 말하며 거절할 수 있을까요? 아닙니다. 「주택임대차보호법」제10조는 '이 법에 위반된 약정으로서 임차인에게 불리한 것은 그 효력이 없다'라고 규정하고 있습니다.

공씨가 집주인과 임대 기간을 1년으로 정해 계약을 체결하면, 1년의 기간이 만료되는 날 임대차 종료를 이유로 보증금 반환을 청구할 수 있습니다. 「주택임대차보호법」은 임차인을 보호하기 위한 것이지 임대인을 보호하기 위한 법이 아니기 때문입니다.

한편 「주택임대차보호법」은 묵시적 갱신조항으로 임차인의 권리를 더욱 촘촘하게 보호하고 있습니다. 임대차 계약의 갱신과 관련한 규정은 임대인과 임차인에게 다르게 적용되는데요. 임대인은 반드시 임대차 기간이 끝나기 최소 2개월 전에 임대차 계약이 끝났다는 의사를 밝혀야 임대차 계약을 종료시킬 수 있습니다. 반면 임차인은 임대차 기간이 끝나기 2개월 전까지 임대인에게 임대차 계약 종료 의사를 밝히면 됩니다. 만약 임대인과 임차인이 규정을 어길 시 임대차 계약은 동일한 조건으로 2년 연장됩니다. 일단 계약 기간이 연장되면 임대인은 임차인을 2년 동안 마음대로 내보낼 수 없습니다.

그렇다면 임차인 또한 2년 계약이 연장되었으니 2년 뒤에만 나갈 수 있는 것일까요? 아닙니다. 임차인은 묵시적으로 계

약이 갱신되어도 언제든지 임대차 계약을 해지할 수 있습니다. 임차인이 임대인에게 계약 해지를 통보하면 3개월 후 효력이 발생합니다.

갑자기 자취방을
승계해야 한다면

•

사정이 생겨 갑자기 살고 있던 자취방에서 나와야 한다면 당황스러울 것입니다. 만일 공씨가 인사이동으로 지방에 가야 한다면 어떻게 될까요? 임대인과 잘 합의해 당장 보증금을 돌려받으면 좋겠지만 계약 관계를 정리하기란 쉽지 않습니다. 이때 남은 계약 기간 동안 다른 사람에게 자취방을 승계하는 방법이 있습니다.

먼저 자취방 승계는 임대인의 동의가 필요합니다. 임대인은 임차인이 얼마나 성실하게 월세를 낼 것인지, 자취방을 큰 하자 없이 이용할 것이지 등을 판단하고 계약을 맺게 됩니다. 그리고 그 위험을 감안해 보증금을 책정한 것이죠. 따라서 임차인이 미덥지 못하면 보증금을 올리거나 계약 체결을 거부할 수 있습니다.

임차인이 임대인의 동의 없이 자기 마음대로 다른 사람에게 자취방을 승계해버리면 어떻게 될까요? 임대인은 여러 법적 조치로 자신의 권리를 찾으려 할 것입니다. 「민법」 제629조 제1항은 '임차인은 임대인의 동의 없이 그 권리를 양도하거나 임차물을 전대하지 못한다'라고 규정하고 있습니다. 임대인의 동의 없는 재임대는 엄연한 위법 행위입니다. 동법 제2항에 따라 임대인은 임차인이 제1항의 규정을 어길 시 계약을 해지할 수 있습니다. 따라서 자취방 승계는 사전에 반드시 임대인의 동의를 받아야 합니다.

임대인이 동의했다면 계약서를 작성해야 합니다. 월세가 얼마 안 된다고 계약을 구두로 체결하거나, 형식적으로 몇 가지만 계약서에 적으면 나중에 또 다른 법적 분쟁의 씨앗이 될 수 있습니다. 계약서에는 다음과 같은 내용이 들어가면 됩니다.

허변의 놓치면 호구 되는 최소한의 법률상식

1. 이 계약서에 적힌 사항 외에는 원 계약서를 따른다.

2. 원룸은 2024년 ○○월 ○○일에 양도한다.

3. 임대차 기간은 원 계약서의 2025년 ○○월 ○○일까지로 한다.

4. 양수인은 양도인에게 보증금 ○○만 원을 지급한다.

5. 월세는 원 계약서의 월 ○○만 원으로 한다.

최소 이 5가지 사항이 들어가 있으면 문제가 발생할 여지는 적어집니다. 여기에 원 계약서와 보증금을 지급했다는 영수증을 첨부하면 됩니다.

계약이 연장되고 있는 상황에서
갑자기 이사해야 한다면

●

공씨는 2년이 지난 이후에도 새로 부임할 근무지가 정해지지 않아서 계속 한 달씩 계약을 연장하게 되었습니다. 그러다 드디어 인사이동이 결정되어 근무지가 정해졌고, 이를 임대인에게 이야기하니 임대인은 별말 없이 고개만 끄덕입니다. 마음이 불안해진 공씨는 「주택임대차보호법」을 찾아봤습니다. 임차인이 묵시적으로 갱신된 계약을 해지하기 위해서는 임대인에게 3개월 전에 미리 통지해야 한다고 나와 있습니다. 그럼 공씨는 3개월치 월세를 미리 더 내고 나가야 하는 걸까요?

공씨의 상황은 묵시적 갱신과는 다릅니다. 보통 묵시적 갱신이란 임대인과 임차인 모두 계약이 언제 끝났는지, 어떻게 진행되고 있는지 잘 모르는 상태에서 자연스럽게 연장되는 상황을 뜻합니다. 현 상황은 임대인과 임차인이 한 달씩 매달 계약을 연장하고 있어 구두로 단기 계약 연장이 반복되고 있다고 봐야 합니다. 따라서 3개월 전 계약 해지를 통지할 필요 없이 곧바로 계약을 해지할 수 있습니다. 3개월치 월세도 지불할 필요가 없습니다.

그렇다면 계약 기간이 6개월 남은 상태에서 이사를 가야 한다면 어떻게 될까요? 임차인 입장에서는 좀 억울하겠지만 계약은 계약인 만큼 남은 기간에 해당하는 월세를 미리 지급해야 합니다. 보증금에서 남은 월세를 충당하고, 보증금으로도 모자라면 따로 지급해야 합니다. 아니면 임대인에게 동의를 구해 자취방을 승계하는 방법도 있습니다.

법률상식 핵심 포인트

① 「주택임대차보호법」에 따라 임차인은 임대차 기간을 2년 미만으로 정했다 하더라도 2년간 거주할 수 있다.

② 임차인은 묵시적으로 계약이 갱신되었어도 언제든지 임대차 계약을 해지할 수 있다. 임차인이 임대인에게 계약 해지를 통보하면 3개월 후 효력이 발생한다.

③ 자취방 승계는 사전에 반드시 임대인의 동의를 받아야 한다.

SECTION 06

인테리어업자에게
당하지 말자

20년 동안 이리저리 이사를 다니다 드디어 가족이 살 집을 마련한 오씨. 이사 당일 행복한 마음으로 집에 갔는데 인테리어 상태가 엉망이었습니다. 인테리어업자가 계약과 달리 공사를 대충해둔 것입니다. 인테리어업자에게 연락했지만 "우리는 계약대로했다"라는 답변만 돌아왔습니다. 인테리어업자는 추가 비용을 요구하며 하자보수도 거절했습니다. 오씨는 억울해서 잠이 오지 않습니다.

실제로 오씨의 사례처럼 기분 좋게 인테리어 계약을 했는데 공사를 대충하거나, 정해진 기일 안에 공사를 끝내지 않고 추가 비용을 요구해 문제가 되는 경우가 많습니다. 한국소비자원이 꼽은 대표적인 인테리어 시공 피해 유형은 다음과 같습니다.

1. 부실공사로 인한 하자 발생
2. 계약과 다른 시공
3. 하자보수 요구사항 미개선
4. 공사 지연
5. 계약 취소 등 계약 관련 분쟁
6. 추가 비용 요구

이 중 가장 대표적인 유형은 하도급(수급인이 제3자에게 도급을 주는 것)으로 인한 부실공사입니다. 직접 계약한 업체가 공사를 하지 않고 다시 분야별로 재하도급을 주게 되면 공사가 엉망이 될 확률이 커집니다. 당초 계약한 내용대로 인테리어를 하지 않았기 때문에 오씨는 당연히 손해배상 소송을 할 수 있습니다.

문제는 부당한 인테리어업자와 계약을 파기하고 소송을 하는 것이 무척 피곤한 일이라는 점입니다. 그래서 어쩔 수 없이 기존의 인테리어업자에게 끌려다니며 추가 비용을 지출하는 경우가 많습니다. 그러나 물이 새는 바가지는 계속 샐 수밖에 없습니다. 문제를 일으킨 인테리어업자 역시 또 문제를 일으킬 가능성이 높습니다. 문제가 있다면 단호하게 대응하는 것이 오히려 시간과 비용을 절약하는 길입니다.

인테리어 계약서는
최대한 꼼꼼히 써야

•

인테리어 공사는 「민법」상 도급계약에 해당됩니다. 도급계약에 따라 하자가 있으면 인테리어가 끝나고 1년 내에 하자에 대한 보수를 청구할 수 있습니다. 그런데 여기서 이야기하는 '하자'란 인테리어 목적물을 사용하기 어려운 상황에 해당하는 중대한 수준이어야 합니다. 그럼 원하는 디자인대로 나오지 않았다고 해서 하자라고 볼 수 있을까요? 해당 디자인이 설계도면으로 명확하게 나타나 있고 사전에 그대로 공사하기로 합의했다면 몰라도 단순히 디자인에 대한 인식 차이에서 발생하는 문

허변의 놓치면 호구 되는 최소한의 법률상식

제는 하자로 인정되기 어렵습니다.

인테리어와 관련된 법적 분쟁을 막으려면 인테리어 계약서에 최대한 꼼꼼하게 여러 내용을 넣어야 합니다. 업체 측에서 제시한 인테리어 계약서에 다음의 6가지 사항이 빠지지 않았는지 확인한 후, 빠진 부분이 있다면 추가하기 바랍니다.

1. 공사의 범위(어디서부터 어디까지 할 것인지)
2. 공사의 내역(어떻게 어느 단계까지 할 것인지)
3. 하자의 범주(하자가 발생한다면 어디까지를 하자로 볼 것인지)
4. 보수 추가 지급 여부
5. 공사가 미진할 시 손해배상금 지급 여부
6. 공사가 지체될 시 손해배상금 지급 여부

또한 업체를 선정할 때는 「건설산업기본법」에 따라 실내건축공사업자로 등록된 인테리어업자를 택하는 게 하자보수에 유리합니다. 실내건축공사업자로 등록된 인테리어업자가 시공한 인테리어는 「건설산업기본법」에 따라 하자보수 기간이 1년으로 보장됩니다.

모델하우스와
인테리어가 다르다면

●

모델하우스에서 본 인테리어와 실제 시공된 아파트의 인테리어가 다를 때는 어떻게 해야 할까요? 시공사가 건축비를 아끼기 위해 저렴한 품질의 자재를 사용했다면 당연히 그에 상응하는 법적 책임을 물을 수 있습니다. 먼저 모델하우스에서 본 인테리어와 실제 인테리어가 도저히 같은 것이라고 볼 수 없는 수준이라면 계약을 해제할 수 있습니다. 이미 지급한 분양대금과 함께 추가로 이자까지 청구가 가능합니다.

모델하우스 인테리어와 실제 인테리어가 계약을 해제할 수준으로 차이가 나지 않는다 해도, 상대방으로부터 그 차액에 해당하는 돈을 돌려받을 수 있습니다. 만약 아직 잔금을 납부하지 않았다면 차액만큼의 돈을 감액받을 수도 있죠. 같은 피해를 본 아파트 주민들과 힘을 모아 집단적으로 대처하면 보다 쉽게 일을 처리할 수 있습니다.

문제는 계약서에 '실제 완공된 건물은 모델하우스의 견본과는 다를 수 있습니다' '모델하우스의 자재가 실제와는 다를 수 있습니다' 등의 문구가 존재하는 경우에 발생합니다. 계약서를 읽고 서명했다면 이 문구에 동의했다는 뜻이기 때문에 손해배상을 청구할 수 없습니다. 따라서 분양을 위해 모델하우스에 방문했다면 이러한 불합리한 조항은 없는지 꼼꼼히 확인해야 합니다. 물론 계약한 이후에도 계약서에 적혀 있는 내용과 약관이 불공정하고 소비자에게 불리하다면 무효가 될 수 있지만, 이 과정은 법원 소송을 거쳐야 하므로 상당히 번거롭습니다.

⚖️ 법률상식 핵심 포인트

① 인테리어 공사에 문제가 있다면 단호하게 인테리어업자와 계약을 파기하거나 소송을 한 후 다른 인테리어업자를 찾아야 한다.
② 인테리어와 관련된 분쟁을 막으려면 인테리어 계약서에 빠진 부분은 없는지 꼼꼼히 확인해야 한다.
③ 모델하우스에서 본 인테리어와 실제 시공된 아파트의 인테리어가 다르다면 손해배상을 청구할 수 있다.

무조건 패소하는
6가지 행동

1. 변호사에게 맡겨놓고 신경 쓰지 않는 경우

재판의 당사자는 누구일까요? 당연히 변호사가 아닌 의뢰인입니다. 변호사가 아니라 변호사 할아버지가 온다고 해도 의뢰인의 역할을 대신할 수는 없습니다. 그런데 어떤 의뢰인은 변호사가 모든 것을 다 해결해주기를 바라며 손을 놓고 사건에 신경 쓰지 않기도 합니다. '돈을 주고 선임했으니 알아서 잘 해주겠지'라는 생각 때문입니다. 이렇게 하면 소송에서 반드시 패소합니다.

변호사 입장에서야 의뢰인이 사건을 잘 들여다보지 않으면 일하기가 편합니다. 물론 대부분의 변호사들은 의뢰인이 잘 확인하지 않는다고 해서 사건을 건성건성 처리하지는 않습니다. 하지만 일부 불성실한 변호사들은 그렇지 않죠. 승소 확률을 높이기 위해서는 의뢰인도 항상 재판이 어떻게 진행되는지 신경 써야 합니다. 변호사에겐 수많은 사건 중 하나에 불과하지만 의뢰인에게는 전 재산이 달린 문제일 수 있기 때문입니다.

변호사도 사람이다 보니 적극적인 의뢰인에게 조금이라도 더 신경 쓸 수밖에 없습니다. 재판이 어떻게 진행되는지는 대한민국 법원 사이트(www.scourt.go.kr)에서 제공하는 '나의 사건검색' 시스템을 이용해 간단하게 찾아볼 수 있습니다. 최소한 한 달에 한두 번 정도는 들어가서 재판이 어떻게 진행되었는지 확인해보고, 궁금한 것이 있으면 변호사에게 물어보기 바랍니다. 아무리 게으른 변호사라고 해도 의뢰인이 사건 진행 상황을 확인한 후 물어보면 일을 할 수밖에 없으니까요.

끝으로 민사소송이라면 변론기일에 한 번쯤 참석하는 게 좋습니다. 재판이 어떻게 진행되고 있는지는 법원 변론을 보면 가장 잘 알 수 있습니다.

2. 실시간으로 변호사를 괴롭히는 경우

사건을 신경 쓰지 않고 방관하는 태도도 문제지만, 실시간으로 사건에 매달려서 변호사를 괴롭히는 경우도 문제입니다. 변호사는 보통 몇 건에서 수십 건의 사건을 동시에 처리하는데요. 사건과 관련된 사고, 예를 들면 서면 제출 기한을 놓치는 일 등을 방지하기 위해 최소한 2주 치 이상의 스케줄을 미리 짜둡니다. 즉 변호사에게 전화해서 당장 뭔가를 해달라고 요청해도 즉각즉각 일을 처리할 수는 없습니다.

변호사도 사람인지라 자신만의 계획과 루틴에 따라 일하는 것을 선호합니다. 의뢰인의 사건을 가볍게 여기는 게 아니라 그저 순서에 따라 일을 처리하는 것인데, 간혹 어떤 의뢰인은 일이 생길 때마다 관련 자료를 보내고 수시로 전화를 합니다. 따로 요청했거나 급하게 필요한 자료라면 상관없지만, 그렇지 않는데 시시때때로 자료를 보내거나 전화를 하면 변호사가 실수를 저지를 수 있습니다. 하루에도 수많은 전화와 문자, 메일이 쏟아지는데 당장 필요하지 않은 자료를 꼬박꼬박 보내거나, 시급하지 않은 이유로 전화를 하면 변호사가 놓치는 부분이 생길 수 있겠죠.

변호사에게 넘겨야 하는 자료가 10개라면 10개를 모두 모

허변의 놓치면 호구 되는 최소한의 법률상식

은 다음 전달하는 것이 좋습니다. 그때그때 하나씩 전달하면 변호사도 정신이 없고 보내는 의뢰인도 정신이 없을 수 있습니다. 파일 하나를 빠트리는 등 실수가 생기면 서로 시간만 허비하게 되니 주의해야 합니다.

3. 전화·문자·메신저·메일 등을 섞어 사용하는 경우

민사사건은 대부분 문서가 아닌 '말'에만 의존했기 때문에 일어납니다. 계약서가 아닌 구두약정에 의존하다 소송이 벌어지는 것이죠. 그만큼 말은 믿을 수 없습니다. 눈에 보이는 문서가 있어야 안전합니다. 변호사와의 사건 진행도 마찬가지인데 중요한 사항은 반드시 메일을 이용해야 합니다. 전화가 아닌 메일로 서로 증거를 남겨서 일이 제대로 처리되는지 확인해야 하기 때문입니다.

메일을 이용해야 하는 이유는 또 있습니다. 보통 전화는 길어질 수밖에 없습니다. 특히 사건을 놓고 억울한 심정이 들거나 흥분을 하면 울분을 토하는 데 10분이 훌쩍 지나가게 됩니다. 메일로 확인하면 1~2분이면 해결될 일도 전화를 하면 30분 이상 끌게 되어 비효율적입니다. 전화로 변호사의 시간을 낭비할수록 사건에 쏟을 시간도 줄어들겠죠.

또 전화·문자·메신저·메일 등 다양한 방법으로 변호사와 소통하는 의뢰인도 있습니다. 의뢰인 입장에서야 급한 대로 편하게 소통하면 좋을 것이라 생각하지만, 사건을 처리하는 변호사 입장에서는 그것만큼 곤란한 경우가 없습니다. 사건에 대해 생각하고 판례를 찾아봐야 하는 시간에 전화·문자·메신저·메일 등을 뒤지면서 의뢰인과 무슨 말을 했는지 찾아야 합니다. 가능하면 의사소통 수단은 한 가지로 통일하고, 특별한 경우가 아니면 메일을 이용하는 게 좋습니다.

4. 변호사의 요청에 즉각 반응하지 않는 경우

때때로 변호사가 의뢰인에게 답변서 혹은 준비서면을 보내 확인을 요청하는 경우가 있습니다. 그런데 어떤 의뢰인은 요청에 대한 답이 없거나, 몇 번 전화해서 채근해야 마지못해 읽어보고 "좋다"라는 말만 할 따름입니다. 반면 어떤 의뢰인은 자신이 생각하는 부분을 반영한 수정본을 보내옵니다. 그러면 변호사는 수정본을 보고 다시 의뢰인과 사건에 대해 정확하게 의견을 교환하게 됩니다. 당연히 후자의 경우가 승소할 확률이 높습니다.

사건 내용은 사건 당사자가 가장 잘 압니다. 변호사는 법률

허변의 놓치면 호구 되는 최소한의 법률상식

적으로 도와주는 역할에 불과합니다. 변호사는 의뢰인의 설명을 들으면서 법률적인 쟁점을 뽑아내고, 상대방의 허점을 찾아내는 역할을 할 뿐입니다. 이 과정에서 의뢰인은 변호사가 찾아낸 주장과 반박이 자신이 처한 상황과 맞는지 확인해야 하며, 이 점은 반드시 변호사가 아닌 의뢰인이 직접 해야 합니다. 상대방의 준비서면을 받아보았는데 예상하지 못한 주장이 담겨 있다면 변호사의 머릿속은 복잡해집니다. 의견을 교환하다 보면 추가로 쟁점과 관련된 주변인들의 녹음이라든지, 진술서라든지 다양한 증거가 급하게 필요해질 수 있습니다. 그런데 일부 의뢰인들은 증거를 가져다주지 않는 것을 넘어서 재판 당일까지 연락이 안 되기도 합니다.

5. 무작정 변호사에게 하소연만 하는 경우

소송은 억울한 일을 해소하기 위한 수단입니다. 그래서 대부분의 의뢰인들은 누군가에게 억울함을 털어놓고 싶어 합니다. 그런데 변호사에게 하소연을 해야 일을 더 철저하게 처리할 것이라는 생각은 버리는 게 좋습니다. 음식점에 가서 바쁜 종업원을 붙잡고 자신이 배고픈 이런저런 이야기를 한다고 해서 더 좋은 서비스를 받을 수 있을까요? 하소연을 들은 만큼 일처리

시간이 줄어들 수 있습니다. 사건과 관계없는 이야기를 성심성

의껏 들어주는 변호사는 거의 없다고 보면 됩니다.

6. 무료 법률상담을 고집하는 경우

세상에 공짜는 없습니다. 얼마 전까지만 해도 공짜라고 생각했

던 물과 공기도 돈을 주고 구입하는 시대가 되었듯이, 법률상

담도 당연히 유료가 맞습니다. 그러나 변호사 수가 늘어나면서

일부 변호사들은 '무료 법률상담'을 내세우며 영업을 하기도

합니다. 물론 무료라고 해서 완전히 틀린 이야기를 하지는 않

을 것입니다. 법률 전문가인 만큼 어느 정도는 정확한 조언을

들을 수 있겠죠. 그러나 법적 분쟁 상황에 100% 적합한 해결

책은 아닐 가능성이 큽니다.

　아주 간단한 대여금 관련 사건이라고 해도 예상 외로 복잡

한 쟁점이 숨어 있을 수 있습니다. 소멸시효가 지났을 수도 있

고, 돈을 빌려준 것이 아니라 투자를 받았다고 주장할 수도 있

죠. 당사자가 미처 몰랐던 쟁점이 곳곳에 숨어 있는 경우가 많

습니다. 무료 법률상담이라면 의뢰인이 언급하지 않은 부분까

지 세세하게 파고들어 쟁점을 찾기 어려울 것입니다.

　법적 분쟁을 해결하는 과정에서 가장 중요한 순간은 변호

사와 상담하는 때입니다. 문제가 무엇인지, 어떻게 접근할 것인지, 이기기 위해서는 무엇이 필요한지 등을 자세하게 들은 후 소송을 할지, 아니면 그냥 잊고 살지 결정해야 하기 때문입니다. 최소 향후 1년 동안의 삶을 지배할 중차대한 순간에, 공짜에 혹하는 우를 범해서는 안 됩니다.

허변의 놓치면 호구되는 최소한의 법률상식

초판 1쇄 발행 2025년 1월 15일

지은이 | 허윤
펴낸곳 | 원앤원북스
펴낸이 | 오운영
경영총괄 | 박종명
편집 | 이광민 김형욱 최윤정
디자인 | 윤지예 이영재
마케팅 | 문준영 이지은 박미애
디지털콘텐츠 | 안태정
등록번호 | 제2018-000146호(2018년 1월 23일)
주소 | 04091 서울시 마포구 토정로 222 한국출판콘텐츠센터 319호(신수동)
전화 | (02)719-7735   팩스 | (02)719-7736
이메일 | onobooks2018@naver.com   블로그 | blog.naver.com/onobooks2018
값 | 20,000원
ISBN 979-11-7043-606-5 03360